소프트웨어 교육,
프로젝트를 만나다 ①

-언플러그드 & EPL 프로그래밍 편-

소프트웨어 교육, 프로젝트를 만나다 ①

발행일	2021년 12월 20일		
지은이	문유진		
펴낸이	손형국		
펴낸곳	(주)북랩		
편집인	선일영	편집	정두철, 배진용, 김현아, 박준, 장하영
디자인	이현수, 한수희, 김윤주, 허지혜, 안유경	제작	박기성, 황동현, 구성우, 권태련
마케팅	김회란, 박진관		
출판등록	2004. 12. 1(제2012-000051호)		
주소	서울특별시 금천구 가산디지털 1로 168, 우림라이온스밸리 B동 B113~114호, C동 B101호		
홈페이지	www.book.co.kr		
전화번호	(02)2026-5777	팩스	(02)2026-5747

ISBN	979-11-6836-048-8 14000 (종이책)　　979-11-6836-049-5 15000 (전자책)
	979-11-6836-094-5 14000 (세트)

(주)북랩 성공출판의 파트너

북랩 홈페이지와 패밀리 사이트에서 다양한 출판 솔루션을 만나 보세요!

홈페이지 book.co.kr　　•　　**블로그** blog.naver.com/essaybook　　•　　**출판문의** book@book.co.kr

---

작가 연락처 문의 ▸ ask.book.co.kr

작가 연락처는 개인정보이므로 북랩에서 알려드릴 수 없습니다.

놀이와 게임을 통해 **쉽게 배우는 소프트웨어**

소프트웨어 교육,
프로젝트를 만나다 ①

문유진 지음

북랩 **book** Lab

—

맛있는 요리를 따라할 수 있는 컴퓨팅 수업 레시피

김성천(한국교원대 교수)

4차산업혁명이니, 인공지능이니, 코딩교육이니 하는 개념과 용어들이 현장을 휩쓴다. 이 과정에서 무언가 뒤쳐진 느낌을 받기도 하고, 뭐라도 배워서 아이들에게 적용해야 할 것 같은 압박감을 받기도 한다. 특히, 교육공학이나 컴퓨터교육을 전공하지 않은 이들에게는 SW교육이나 코딩교육은 더욱 부담스럽게 다가올 수밖에 없다. 이 책에서 다루고 있는 주제들만 해도, 낯선 용어와 프로그램들이고, 정보교육 박람회에서나 보던 내용들을 다루고 있어서 얼핏 봤을 때는 내가 할 수 있는 영역이 아닐 것 같은 느낌이 든다.

저자는 이러한 부담감을 해소하기 위해 부단히 노력한 흔적을 읽을 수 있다. 우선은 경어체 문장을 사용하여 독자들에게 친근감 있게 다가서기 위해 노력한다. 동시에, 문유진 선생님이 교실에서 직접 적용하고 실천했던 내용, 순서, 방법을 친절하게 안내해 주고 있다. 참고할 수 있는 링크 주소라든지 활동지 양식, 절차 등을 포함하였다. 먹음직스러운 요리를 어렵지 않게 따라할 수 있도록 구성한 요리 책과 같은 느낌이 든다. 이 책은 맛있는 수업 요리를 누구나 쉽게 따라할 수 있도록 자세하게 안내하고 있다. 동시에, 여러 수업 팁을 제시하고 있어 교사들에게는 한번쯤 따라 해보고 싶은 마음을 갖게 만든다.

이 책은 학생들의 참여와 활동, 실천을 자연스럽게 강조하고 있다. 이 책에서 제시한 프로젝트 활동과 과제를 추진하려면 학생 간 협업과 협력의 가치가 자연스럽게 발현되어야 한다. 학생들의 자기주도성을 발현시키기 위해서는 흥미 유발과 결과물에 대한 확인이 필요하다. 이 책에서 제시한 프로젝트 활동들은 학생들의 참여를 촉진하고, 성취 경험을 충분히 맛볼 수 있도록 구성하였다. 학생들의 행위 주체성은 진공 상태에서 스스로 발현되지 않는다. 교사와 또래와의 상호작용을 통해 구현된다. 그 가능성을 이 책은 보여주고 있다.

아이들이 살아가야 할 세상은 기성세대들이 살아왔던 세상과 분명히 다를 것이다. 어른들이 살아 왔던 교육의 문법을 학생들에게는 강요해서는 안 된다. 실제, 예상치 않았던 상황에서 학생들의 역동성과 주도성, 주체성을 확인할 수 있는데, 이 책에서 제시한 내용을 수업에 적용하게 되면 그런 가능성을 충분히 확인할 수 있으리라 기대한다.

미디어 리터러시는 단순히 기능만을 의미하지 않고, 구조와 맥락, 본질을 꿰뚫어 볼 수 있는 안목을 포함한다. 디지털 격차가 더욱 벌어지는 이 시대에 이 책은 학생들로 하여금 컴퓨팅 사고력을 갖게 하면서, 자신감을 갖고 정보의 바다에 참여할 수 있도록 도울 것이다. 그 과정에서 디지털 격차는 좁혀질 것이다. 이 책을 읽고 실천하는 독자들에게 '디지털 격차' 해소자의 역할을 기대해 본다.

최근의 IT트렌드는 하드웨어를 전혀 모르는 상태로도 소프트웨어를 개발할 수 있고 이에 따라 소프트웨어와 하드웨어가 별개의 영역으로 생각되고 있습니다. 현업에서 로봇기술, IoT, 사물인터넷 등 임베디드 시스템에 종사하는 저로서는 이러한 부분이 교육과정에 반영되면 좋겠다고 생각합니다. 이 책은 새로 프로그래밍을 접하는 미래의 개발자에게 하드웨어와 소프트웨어 두 가지의 중요성을 알려주고, 이를 융합시킬 수 있는 사고의 기틀을 마련해 주고 있습니다. 또한 '회로 구성하기'를 통해 미리 하드웨어의 기능과 특성을 생각하게 하고, 이를 '프로그래밍'으로 효율적으로 작동시킬 수 있는 개발자의 기본 역량을 기를 수 있게 구성되어 있습니다. 코로나 시대를 맞아 IT플랫폼은 폭발적인 기세로 성장하고 있습니다. 더욱더 다양한 분야의 IT개발자가 필요해지고 있는 상황에서 하드웨어와 소프트웨어를 모두 쉽게 경험할 수 있는 이 책은 미래를 선도하는 개발자가 되고 싶은 분들의 훌륭한 길라잡이가 될 것입니다.

삼성전자 연구원 **안대성**

임베디드 시스템은 학생들의 상상을 실제 장치로 구현함으로써 공학적 사고 역량을 키워주는 훌륭한 도구입니다. 학생들은 HW/SW 설계를 통해 자신의 생각을 컴퓨터 언어로 표현하여 논리적 사고 능력을 키울 수 있으며, 시스템 통합 과정을 통해 스스로 문제해결 능력을 키울 수 있습니다. 초등학생을 위해 아두이노 활용 교육과정을 학생들의 흥미와 눈높이에 맞게 재구성하여 글을 엮어낸 저자의 철학과 용기에 경의를 표합니다. 긴 시간의 교육 경험이 묻어나는 본 교재를 통해 학생들은 임베디드 시스템과 쉽게 친해질 수 있으며, 다양한 예제를 학습함으로써 우리 생활에 사용되는 전반적인 공학을 자연스럽게 접할 수 있습니다. 본 교재를 접한 학생들은 상위 교육과정에서 배울 HW/SW 설계 지식을 두려움 없이 습득하고, 연구/산업 분야에서 활용되는 공학적 사고의 기틀을 마련할 것이라 기대합니다.

한국항공우주산업 **이동근**

미래 사회를 열어가는 소프트웨어 기술의 중요성을 누구나 말하지만 그것을 어떻게 가르칠 것인가에 대해 말하는 이는 드뭅니다. 이런 불편함을 느낀 사람들에게 이 책은 매우 소중한 경험이 될 것입니다.

사단법인 이어짐 대표 **김홍중**

이 책은 미래의 소프트웨어 개발자를 꿈꾸는 소년, 소녀들, 그리고 소프트웨어 교육에 접근하는 교사들에게 도움을 줄 수 있는 책입니다. 곳곳에 묻어나는 저자의 마음에 감동하며 항상 고민하는 교육자의 길을 걸어가는 선생님에게 박수를 보냅니다.

교수 **문유정**

학생들의 역량과 이해도에 대해 저자가 깊이 고민한 흔적이 보이는 책입니다. 아이들의 지적 흥미를 불러일으키면서도 충분한 설명이 뒷받침되어, 재미있고 다양한 실습을 할 수 있도록 구성되어 있습니다. 교과 심화학습에서 한 걸음 더 나아가 창의적인 사고의 발전과 진로에 대한 고민까지 연결될 수 있기를 희망합니다.

아주대학교 의학과 **이화진**

그림을 그리는 사람으로서 미술 작품을 새로운 관점에서 대하는 내용이 마음에 와닿습니다. 앞으로 우리 생활 전반에는 소프트웨어가 더욱 깊숙이 들어오겠지요. 그동안의 노력이 책으로 결실을 맺게 된 것을 축하합니다.

작가 **문유향**

항상 열정적으로 학습하고 부지런히 자기 삶을 새롭게 열어가는 문유진 선생님, 책 출판을 축하합니다. 그리고 항상 응원합니다.

중앙내과의원 **김경희**

교육자로서의 평소 노력과 고민이 교육서로 출간된 것을 축하합니다. 이 책이 미래교육에 대한 현직 교사들의 고민에 힘을 보태리라 믿습니다.

이비인후과 전문의 **이영희**

지금은 4차 산업혁명 시대입니다. 인공지능, 사물인터넷, 로봇기술, 드론, 자율주행차, 가상 현실과 관련된 산업이 주류를 이루고 그 중심에 소프트웨어 기술이 핵심으로 자리잡고 있습니다. 이런 시대적 흐름에서 소프트웨어 교육은 필수적입니다. 그 시작은 초등교육이고, 이 책은 그 시작의 길을 잘 열어주는 책입니다.

교사 **이지은**

우리는 꿈을 꾸는 소녀들. 2015년 말 열풍을 불러온 노랫말입니다. 4차 산업혁명의 홍수 속에 살아가는 어린이가 미래를 꿈꾸기 위해 소프트웨어교육은 필수가 되었습니다. 아이들이 꿈꿀 수 있고 가능성이 무궁무진한 영역이기 때문이지요. 여기에 수록된 내용들은 문유진 선생님의 땀과 노력이 고스란히 담겨있습니다. 많은 분들이 우리 아이들의 가능성을 기르는 교육에 활용하셨으면 좋겠습니다.

교사 **이종승**

應變創新. 변화에 한 발 앞서 주도적으로 길을 개척한다. 늘 교육에 있어 한 발 앞서 주도적으로 나아가는 문유진 선생님의 연구 결실이 출간됨을 축하드립니다. 선생님의 책이 미래 교육의 작은 등불이 될 것이라 기대합니다.

교사 **고재연**

소프트웨어교육에 대한 이론적 배경을 탄탄하게 소개하고, 실제 수업에 적용할 수 있는 아이디어를 제공하는 책입니다. 소프트웨어교육을 처음 접하는 초심자부터 꾸준히 실천해 오고 계신 전문가에 이르기까지 도움이 될만한 책입니다. 이론과 실천을 집대성하고 있는 이 책이 소프트웨어교육의 실용서로 학교 현장에 선한 영향력을 끼치기를 기대합니다.

교사 **복건수**

항상 아이들 교육을 위해 연구하시는 멋진 문유진 선생님! 아이들과 함께 있는 시간을 소중하게 생각하고 더욱 발전하기 위해 노력하시는 선생님의 모습이 감동적입니다. 선생님의 노하우가 이 책을 통해 널리 퍼지기를 바랍니다.

교사 **박혜연**

소프트웨어 교육을 만나고 싶은 선생님을 위한 안내서, 실천과 고민을 담아낸 이 책이 모두에게 깊은 배움을 전하기를 기대합니다.

교사 **김보연**

sw 교육 현장이 그대로 담긴 책! 이 책을 통해 많은 학생들이 새로운 생각을 키우고 세상을 바꾸는 힘을 키워가기를 기대합니다. 출간 축하드립니다!

교사 **차유빈**

조금은 엉뚱한 듯, 때로는 무모한 듯, 그러나 자신이 옳다고 여기는 길을 묵묵히 걷는 모습, 아울러 아이들의 눈높이에 맞게 호흡하며 학습을 설계하고 안내한 모습들, 그래서 이 책이 더 소중한지도 모른다.

교사 **안현숙**

들어가며

—

삶은 끝임없는 배움의 여정입니다. 그동안 저자를 만나고 도와주신 여러 선생님, 대학원 동료, 교수님들께 존경과 감사를 표합니다. 제 앞가림도 못하면서 다른 이들의 삶에 어떤 선한 영향력을 줄 것인가. 나는 성직자의 관점을 갖고 있지 않은데, 내가 아이들을 가르쳐도 되나? 적어도 '괜찮은' 교사가 되려면 어떤 준비를 해나가야 될까. 교사로서 다소 혼란스러웠던 정체성은 입학 무렵부터 시작되어 입직 이후에도 해결이 안 된 숙제처럼 마음 한켠의 부담으로 남아있었습니다. 교직의 어려움을 느낄수록 막연하고 어정쩡한 시간을 보내는 느낌도 들었습니다. 다행히 그런 불안감(?) 덕분에 교사로서의 자기 연찬에는 나름 성실했던 것 같습니다. 훌륭한 교사는 못 된다 하더라도 내가 해줄 수 있는 것을 필요로 하는 아이들에게 주기 위해서, 내가 아는 것만큼 누군가를 도울 수 있다는 생각에서, 고민하고 노력하는 과정으로 교직 생활을 이어온 것 같습니다.

이 책은 개인적으로 교사 2.0 시기에 작성한 서브노트이며, 소프트웨어 교육을 처음 접하시는 선생님들의 교사교육과정 운영에 참고가 될 수 있는 도움서로 썼습니다. 제 아이와 여가 시간을 함께할 목적에서도 집필하였기 때문에 관심 있는 학부모님들께서 가정에서 아이와 해볼 수 있는 자습서로도 활용할 수 있습니다. 따라서 컴퓨터와 프로그래밍에 부담을 갖고 계신 분들도 쉽게 따라할 수 있는 기본적이면서 상세한 내용으로 구성하였습니다. 소프트웨어 교육을 위한 좋은 자료와 교구들은 너무나 많습니다. 저자가 처음 소프트웨어 수업을 하게 되었을 때 넘치도록 많은 자료 중에서 학생들의 40분 수업에 적당한 수준과 내용을 찾아 하나하나 코딩해보고 시행착오를 거치느라 많은 에너지 소진을 경험하였습니다.

학교의 많은 행정업무로 수업에 오롯이 전념하기 힘든 현실에서 가르칠 것은 너무 많아지는 요즘입니다. 학부모로서도 마찬가지입니다. 아이의 교육 문제에만 전념할 수 없고, 그렇다고 모든 것을 사교육에 의지하기에도 너무나 많은 교육비를 감당해야 하는 현실입니다. 저자는 수업에서 활용해본 교구들을 중심으로 9장에 걸쳐 풀어보았습니다. 우리 학생들이 소프트웨어를 경험하기 위해 이 모든 활동을 다 해볼 필요는 없습니다. 아이의 연령과 관심있는 내용, 만들고 싶은 것을 고려하여 한 가지의 깊이 있는 활동 경험만으로도 충분한 의미가 있다고 생각합니다.

많은 선생님들께서는 이미 교육과정과 수업의 전문가이기 때문에, 소프트웨어 수업에 필요한 기본 지식과 문법을 익히는데 약간의 시간을 투자하신다면 훌륭한 수업을 운영하실 것이라 확신합니다. 본서에서 소개드리는 사이트에 학습 동영상, 학습 어플, 활동지 파일, 도안 등이 소개되어 있습니다. 수업 활동에서 사용한 자료를 그대로 올려두었으므로 시작은 쉽게 발전은 창의적으로 나아가실 수 있습니다. 몇 가지 아쉬운 부분도 있습니다. 처음부터 책을 집필할 의도는 없었기 때문에 더 많은 작품과 활동을 사진으로 남기지 못했고, 전문적학습공동체 문화가 정착되지 않은 시기에 혼자 고군분투하며 운영한 내용이라 부족한 점도 많을 것입니다. 탄탄한 전문성을 가진 선생님들의 집단지성을 통해 현장의 소프트웨어 교육은 훨씬 다채롭게 펼쳐질 수 있다고 생각합니다.

학생들의 연령과 흥미, 적성을 고려하여 교수자의 판단에 따라 적절한 교구를 활용하고 의미 있는 활동을 펼쳐보시면 좋을 것 같습니다. 이 책에서는 다음과 같이 활동자료를 소개하고 있습니다. 1장은 소프트웨어 교육과 프로젝트 학습에 대한 개괄적 이해, 2장은 오조봇을 활용하여 재미있는 게임 개발하기, 3장은 엔트리를 활용한 미디어와 게임 제작을 소개하였습니다. 4장에서는 교과와 연계한 언플러그드 놀이, 5·6·7장에서는 햄스터, 비트브릭, 아두이노를 활용하여 사람을 배려하고 지구촌 문제를 해결하는 제품과 로봇 개발하기를 소개하였습니다. 8장에서는 안전웨어러블 만들기 활동을, 9장에서는 앱 인벤터로 자신의 관심사나 공동체의 현실적 요구에 맞는 어플 개발을 주제로 하고 있습니다. 교구의 특성에 따라 더 새롭고 다양한 활동을 구안하고 학생들의 흥미와 학교 여건에 맞는 활동을 가감하여 새로운 프로젝트 학습을 계획할 수 있을 것입니다. 5~6학년의 경우 저자는 5, 6차시에 실과, 창체, 미술 교과를 주로 안배하고 국어 수업을 연차시로 구성하여 크고 작은 프로젝트 학습을 운영했습니다. 소프트웨어 융합프로젝트는 프로그래밍 도구의 기본 용법을 배우는 시간이 필요하고, 학생들이 구현할 수 있는 방법을 결정할 수 있어야 하므로 산출물 정하기를 후반부에 배치하였습니다. 이 밖에도 학급의 여건이나 학생들의 요구에 따라 적이한 시기에 학습 순서를 유연성 있게 조정하면 좋을 것 같습니다.

학생들이 살아갈 미래에는 많은 직업들이 사라질 것으로 예견되므로 '앙트십'이라는 창업가 정신도 필요하다고 봅니다. 이러한 생각에서 평소 메이커교육을 즐겨하다 보니 자연스레 디자인 챌린지 위주의 프로젝트를 하게 되었습니다. 불확실성의 시대를 살아가게 될 학생들은 모호함을 잘 극복하고 기존에 없던 새로운 가치를 생산하는 능력을 키워가야 할 것입니다. 따라서 자신의 배움을 끊임없이 성찰하고 자신의 경험을 해석하는 활동을 통해 메타인지를 촉진하고자 하였습니다. 순차·반복·조건문의 기본 알고리즘을 반복 사용하여 알고리즘에 대한 학생들의 자연스러운 적응과 이해를 돕고자 하였으며, 수업의 목적이 단순히 프로그래밍 능력을 신장시키는 데 있지 않기 때문에 교사가 기본 코드와 예를 제시하면 학생들이 그 활용을 선택·확장해 나갈 수 있는 여백을 고려하였습니다.

이 프로젝트 수업의 목적은 소프트웨어 중심 사회를 살아갈 학생들이 지식과 정보처리, 협업과 의사소통 역량을 기르고, 기술의 선사례를 체험함으로써 심미적 감성과 공동체 일원으로서의 주체성을 길러갈 수 있는 경험을 제공하는 데 있습니다. 모든 배움은 마음속에 새로운 가치를 만들고 삶을 영위해 나가는 기조력이 되어야 한다고 생각합니다. 이 책은 학생들의 배움이 삶에 통합되어가는 과정에서 소프트웨어 교육이 어떻게 이루어져야 하는가를 고민한 결과물입니다.

이 순간도 많은 선생님들이 함께 모여 고민하고 연구하면서 교육의 미래를 밝히기 위해 자신의 시간과 에너지를 보태고 계실 것입니다. 저자 역시 부족함이 많지만 조금이나마 새로운 시도에 보탬이 되고자 합니다. 보다 가치지향적인 기술 개발을 경험하는 과정에서 학생들의 건설적인 자기 주체성을 키워나가기 바랍니다. 우리 학생들이 기술시스템의 편의나 위대함에 매몰되기보다 비판적이고 분석적이며 창의적인 관점에서 새로운 기술을 디자인하면 좋겠고, 더불어 협력과 관용의 미덕, 그리고 지성인으로서 문제해결 능력을 키워나갈 수 있으면 좋겠습니다. 우리 교육의 밝은 미래를 열어가기 위해 뜻있는 선생님들과 함께 교재를 엮을 수 있는 기회도 생기면 좋겠습니다. 저자에게 용기와 격려를 주시는 선생님들, 대학원 동료들과 교수님들, 우리 가족, 항상 곁에 있어 고맙습니다. 사랑합니다.

목차

 ★언플러그드 & EPL 프로그래밍 편

1장 SW 프로젝트

2장 오조봇

3장 엔트리

프로젝트❶

4장 **언플러그드 활동**

1장
SW 프로젝트

변화하는 세상, 응답하라 교육

———

전 미국 대통령 버락 오바마는 유명한 말을 남겼습니다. "비디오 게임을 사지 말고 직접 만들어 보세요, 새로 나온 앱을 다운로드만 하지 말고 디자인 해보세요, 휴대폰을 가지고 놀지 말고 프로그램을 만들어보세요." 그는 2013년 'Hour of code' 축사 연설에서 기술의 소비를 넘어 생산의 경험을 가져보라고 했습니다. 기술의 편익을 누리면서 잘 살고 있는 우리에게 그 어려운 프로그래밍을 해보라니 이게 무슨 말일까요?

현대 사회는 사람과 사람, 사람과 사물 간의 커뮤니케이션을 넘어선 지 오래되었습니다. 사물과 사물, 정보와 정보의 초연결적 네트워크화가 진행되면서 정보 기술의 변화는 그 속도와 한계를 가늠하기 어렵게 되었지요. 무엇이 어디로 튈지, 무엇이 도태되고 무엇이 진화되어 나갈지, 공진과 공멸을 예단하기 어려운 사회가 되어가고 있습니다. 이 질주하는 변화의 한가운데 있는 우리 아이들에게 이제 어른들은 '잘 사는 방법'을 가르쳐주기도 어렵습니다. 교육도 마찬가지입니다. 전통적으로 선호되어온 직업을 갖기 위해 입시 준비에 더욱 집착하는 부모가 있는 반면, 변화되는 사회 요구에 맞게 교육을 쇄신하라는 요구도 높습니다.

교사들은 어떻게 해야 할까요? 아이들의 행복한 삶을 살아갈 수 있도록 도울 방법이 있기는 한 걸까요? 확실해지는 것은 빠르게 다변화되고 다원화되는 사회에서 절대저으로 추앙받는 지식과 기술은 약화되고 어제의 상식이 오늘은 통하지 않는 시대가 진행되고 있다는 것입니다. "그때는 맞고 지금은 틀리다"고 말할 수 있는 것들이 너무나 당연한 모습으로 말입니다. 우리의 미래 사회가 어떤 모습으로 펼쳐질 것인지 대책 없이 두고 볼 수도 없고 근대화 시대의 대량 인력 생산에 맞게 설계된 공교육 방식을 고수할 수도 없는 노릇입니다. 21세기의 급변하는 사회에서도 변함

없는 전통적 교육시스템에 대하여 Kyllonen(2018)[1]은 다음과 같은 질문을 던졌습니다.

변화되고 있는 세상에서 여전히 교육의 주된 목적인가?
젊은이들에게 미래사회에 필요한 역량을 제공하는가?
너무나 많은 것이 불확실한 상황에서 어떻게 웰빙(well-being)을 제공할 것인가?

전문가들은 어떤 대안을 제시하고 있을까요? 세계 교육의 트랜드를 추동하는 OECD를 위시하여 오스트레일리아, 뉴질랜드, 캐나다, 핀란드 등 많은 국가들이 학력의 개념을 지식의 '습득'에서 '운용'으로 바꾸고 있습니다. 이 새로운 학력은 '역량(competency 혹은 capability)'이라는 워딩으로 표현되지요. OECD는 1997년 이후 DeSeCo[2] 프로젝트를 진행하여 성공적인 삶을 위한 핵심역량을 도출해왔습니다. 미국의 CCR[3] 설립자인 찰스 파델은 '21세기 핵심역량(21st Century Skills, 2009)'이란 저서에서 미래사회 핵심역량 4C[4]를 소개했고, 이는 우리나라 교육에 적지 않은 화두를 던졌습니다. OECD는 21세기 핵심역량을 기반으로 2015년 DeSeCo 프로젝트 2.0 버전으로 볼 수 있는 'OECD 교육 2030[5]' 프로젝트를 발표하였는데, 이 프로젝트에서 교육의 목표를 '개인과 사회의 웰빙(Individual and collective well-being)'으로 정의하였습니다. OECD는 이어 2015~2018년 사이에 진행된 1단계 연구에서 미래를 살아갈 아이들을 위해 현재의 교육시스템이 준비해야 할 21세기 교육의 지향점을 '개념적 학습 프레임워크(conceptual learning framework)'[6]라는 개념도로 발표하였습니다.

---

1) Justin W. Cook, sustainability, human well-being and the Future of Education, palgrave macmillan, 2019, p.315, 316.
2) Defining and Selecting Key Competencies (핵심역량 정의와 선정)
3) Center for Curriculum Redesign (교육과정 재설계센터)
4) Creativity(창의력), Communication(의사소통), Critical thinking(비판적 사고), Collaboration(협업)
5) OECD(2019). Future of Education and Skills 2030 Concept Note. Faris: OECD.
6) The OECD Learning Framework 2030: Work-in-progress
   http://www.oecd.org/education/2030-project/teaching-and-learning/learning

OECD 학습 프레임워크는 2030년대를 살아갈 한 개인이자 사회 구성원으로서 '웰빙' 할 수 있기 위한 자질로 '변혁적 역량(Transformative competencies)'을 제시하였고, 이러한 역량을 키울 수 있기 위해 문해력, 수리력, 디지털 리터러시, 데이터 리터러시, 건강 리터러시 등의 '핵심 기초능력(core foundation)'을 갖추도록 할 것을 제언하고 있습니다.

〈OECD 교육 2030이 제시하는 미래 역량〉

변혁적 역량 (Transformative competencies)	새로운 가치 창조하기(creating new value)	
	책임감 가지기(Taking responsibility)	
	긴장, 딜레마 등에 대응하기(Coping with tensions, dilemmas, trade-offs, contradictions, ambiguity, etc)	
역량 (Competencies)	지식 (knowledge)	학문적 지식(Disciplinary knowledge), 간학문적 지식(Inter-disciplinary knowledge), 인식적 지식(epistemic knowledge) 절차적 지식(procedural knowledge)
	기능 (skills)	인지적 초인지적 기능(cognitive & meta-cognitive skills) 사회적 감정적 기능(social & emotional skills) 신체적 실천적 기능(physical and practical skills)
	태도와 가치(attitudes and values)	

4차 산업혁명으로 인한 비약적인 기술의 발전과 정보 격차는 현재의 양극화를 심화시킬 것으로 우려되며, 후 위기와 자원 고갈의 문제 역시 지구촌의 관점에서 대응해 가야 할 필요성이 제기되고 있습니다. 일자리 변화에 대한 시스템 차원의 대응과 문화적 다양성을 지지하는 포용적인 사회를 만들어가는 일도 새로운 과제로 떠오르고 있습니다. 이러한 시대적 고민을 배경으로 OECD가 내놓은 '변혁적 역량'은 개인의 '웰빙(well-being)'와 사회적 '시속가능싱(sustainability)'을 포괄하는 새 념입니다. 미래사회를 살아갈 학생들이 사회 변화에 단순히 잘 적응하여 살아가는 것을 넘어 자신이 몸담은 사회를 모두가 존엄하게 살아갈 수 있는 곳으로 바꾸어 나갈 수 있는 능력을 갖추도록 하는 것을 지향합니다. OECD 학습 프레임워크는 학생들이 원하는 방향을 향해 나아갈 수 있는 나침반 역할을 제시하는 것이므로, 교

육목적이 달성된 결과의 상태가 아니라 지속적으로 수정·보완해나가는 유연한 과정의 상태를 표현하고 있습니다.

이 학습 틀은 2030년 그리고 그 이후까지 학생들을 훌륭하게 자라게 할 역량의 유형을 광범위하게 전망합니다. 또 세계 여러 나라 언어로 작성하여 다국적 이해를 돕고 지역 상황에 맞게 적절하게 사용할 수 있는 여지를 두고 있습니다(한국교육과정평가원, 2017)[7].

미래 사회는 변동성(Volatility), 불확실성(Uncertainty), 복잡성(Complexity), 모호성(Ambiguity)을 특징으로 하는 이른바 'VUCA 세계'로 불립니다. 모호성을 견디고, 불확실한 상황을 다룰 줄 알며, 예전에 없던 새로운 의미와 가치를 만들어낼 수 있는 능력이 요구되지요. 경제적·정치적 관계, 문화적 전통, 역사적 맥락의 다양성이 증대되는 세상에서 생기는 긴장과 딜레마 속에서 원만한 절충을 이루어가야 하고, 사회 현상의 모호성·복잡성·비선형성을 건설적이고 미래지향적인 방향으로 다룰 수 있어야 하겠습니다. 미래는 끊임없이 펼쳐지는 변화 속에 '살아가는 것 자체가 곧 배움(being by learning)'일 것으로 전망됩니다. 끊임없는 배움을 통해 성장할 수 있는 사람이 되기 위해서는 학생들이 자신의 메타인지를 사용할 수 있도록 촉진하는 순환적 학습전략(A-A-R)[8]도 중요시됩니다.

OECD 학습 프레임워크에서 제시하는 '행위주체성(agency)'의 개념도 눈여겨볼 필요가 있습니다. 행위주체성은 '개인적·사회적으로 보다 나은 세상을 만드는 데 기여할 수 있도록 책임감 있게 생각하고 행동하는 능력'입니다. 목적의식, 자기성찰적인 태도, 삶의 지향점을 추구하기 위한 노력과 책임감을 포함합니다. 행위주체성을 키워가는 것은 개인의 노력만으로는 어렵기 때문에 또래 학생, 교사, 학부모, 지역 사회가 상호지원적인 관계를 형성하는 협력적 행위주체성(co-agency)의 기반을 갖출 필요가 있겠습니다.

교사는 학생의 성장을 도와주는 촉진자이자 조력자이므로 사회구성원으로서

---

7) 출처: 한국교육과정평가원(2017). OECD Education 2030 교육과정 조사에 따른 역량 중심교육과정 비교 연구. 서울: 한국교육과정평가원. P.15.
8) 예측(Anticipation) - 실행(Action) - 성찰(Reflection)의 사이클을 통한 자기성찰적 학습 방법
    출처: 한국교육개발원(2019). 교육혁신 사례분석을 통한 미래교육 실천 과제. 진천: 한국교육개발원. p.23.

살아갈 학생들의 삶을 생각하지 않을 수 없습니다. 따라서 세계적인 교육 패러다임의 변화를 고려하여 교육에 대한 미래지향적 관점을 지닐 필요가 있습니다. 시대 변화와 사회가 당면한 과제에 대해 끊임없이 고민하는 태도가 필요하며, 모든 아이들이 잘 살아갈 수 있는 미래사회를 건설하기 위해 교사로서의 책임감을 가져야할 것입니다. 국가수준의 교육과정이 지향하는 방향도 OECD의 지향점에서 크게 벗어나지 않습니다. 학생들이 자기 삶을 잘 영위할 수 있는 사람으로 자랄 수 있도록 도와야 하겠고, 그러한 구성원들이 모여 모두가 존엄할 수 있는 사회가 되어야겠습니다. 교육과 우리 사회의 선순환적 발전을 위해 많은 선생님들이 기여와 고민을 함께 나누어갔으면 합니다.

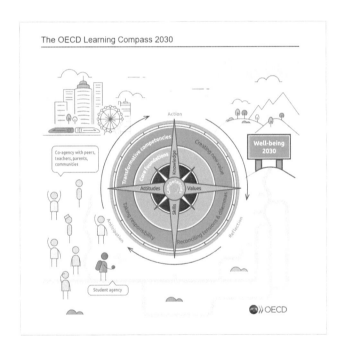

https://www.oecd.org/education/2030-project/

교육의 비전 및 목적	• 개인과 사회의 웰빙(국가의 경제성장이나 직업을 위한 교육이 아님) • 공공성, 학생 행위주체성, 책임감 있고 참여하는 시민 양성 • 전인교육 • 평생학습자 • 성과/결과보다 과정 중시 • (교사, 학부모, 행정 중심이 아니라) 학생 중심
학생상	• 성장 중심 (부족과 결핍에 대한 보완적 관점 지양) • 행위주체성, 평생학습자 • 책임감 있고 참여하는 시민
교사상	• 조력자로서의 교사 • 학생들과 함께 배울 수 있는 역량 • 학생들이 행위주체성을 키워갈 수 있도록 학습활동을 설계하고 조력하는 역할
학습내용 및 방법	• 지식, 기능, 태도 & 가치 • (지식) 특정 학문의 세부 지식보다 학문 내에서 혹은 여러 학문을 아우르는 핵심개념, 패턴 이해 & 다양한 시각에서 문제와 현상을 이해할 수 있는 역량 • 새로운 가치 창출하기(적응력, 창의성, 호기심, 열린 마음), 긴장과 딜레마 •조정하기(시스템 사고, 디자인 사고, 협동, 주체적 사고), 책임감 갖기 • 학습하는 방법의 학습(A-A-R) • 핵심 기초(인지적, 사회정서적, 신체적 기초: 문해력, 수리력, 디지털 리터러시, 데이터 리터러시, 건강 리터러시) • 실생활과 연계된 학습 • 깊이 있는 이해를 할 수 있는 방법 (tech less learn more) • 행위주체성, 협동을 발휘하고 개발할 수 있도록 학습 프로젝트를 설계및 경험할 수 있도록 학습의 장 마련
학교 밖과의 관계	• co-agency 필요 • 학생 행위주체성 함양 그리고 나아가 개인과 사회의 웰빙을 위해 학생, 교사, 학부모, 지역사회의 협력 필요

---

9) 한국교육개발원(2019). 교육혁신 사례분석을 통한 미래교육 실천 과제. 진천: 한국교육개발원. p.24.

아는 만큼 보이는
소프트웨어교육과정

―――――

어떤 학생이 불쑥 물었습니다. "선생님, 소프트웨어 왜 배우는 거예요?" 갑작스러운 질문인데다가 평소에도 표현력이 썩 좋지 않은 터라 언뜻 떠오르는 교과서적인 답변을 해주었지요. 그 친구는 '소프트웨어교육=코딩교육'을 의미하는 것 같아서 이렇게 말해주었습니다.

"프로그래밍을 잘하기 위해서 소프트웨어 수업을 하는 것은 아니고, 소프트웨어가 문제를 해결하는 절차적인 사고를 배우는 것이 중요한 거야. 우리가 어떤 일을 할 때 한 가지의 아이디어로 그걸 순식간에 해결하는 것이 아니고, 잘 살펴보면 절차가 있어. 냄비에 물 붓고, 끓을 때까지 기다렸다가, 라면과 스프를 넣고, 3분 정도 더 끓인 다음, 계란이나 파를 넣고 적당히 익었다 싶을 때 그릇에 담아 먹는 것처럼, 어떤 문제를 해결할 수 있는 순서를 만들어낼 수 있는 능력을 기르기 위해서, 라고 생각해."

학생들에게 이 대답은 썩 나쁘지 않았을 것 같지만, 개인적으로는 조금 다른 방향에서 생각하고 있습니다. 이제 소프트웨어는 기술의 차원을 넘어 삶의 일부가 되었습니다. 버튼이나 리모컨을 사용하여 제품을 작동시키는 것이 의식주만큼이나 당연하고 이미 우리의 삶에서 소프트웨어가 존재하지 않는 영역이 없기 때문이지요. 그렇다면 소프트웨어 수업에서 학생들의 활동은 자신이 이미 누려오던 생활 방식 속에 들어있는 절차를 분석해보는 것입니다. 과거에는 기술자들만 알고 있던 직업적 영역이 4차 산업혁명과 함께 자본과 경제, 사람의 관계를 지배하고 사회를 이끌어가는 핵심 기술이자 사회 환경으로 인정받으면서 교육의 영역으로 들어온 것입니다.

2015개정교육과정 초등학교 실과 소프트웨어(기술시스템) 영역의 성취기준을 살펴보면, ❶우리 생활의 다양한 사례에서 소프트웨어가 활용됨을 알고, ❷문제해결을 위한 절차적 사고를 활용하며, ❸자료의 입출력, 순차, 반복, 선택 구조를 활용한 기초적인 프로그래밍 과정을 '체험'하거나 '설계'하는 것으로 정리됩니다. 기술의 발전이 '투입-과정-산출-피드백'의 시스템을 통해 이루어짐을 이해하고, 체험 활동을 통해 '기술적 문제해결능력'과 '기술시스템 설계능력'을 함양해나갈 것을 명시해놓았습니다. '성취기준'은 교사의 입장에서 학생들에게 무엇을 가르치고 평가해야 하는가를 명료화하면서 교육과정 재구성의 근거가 되고, 학생들에게는 수업을 통해 어떤 지식, 기능, 가치·태도를 지니도록 노력해야하는가를 명시하고 있습니다. 국가수준교육과정의 성취기준에 따르면, 초등학교 학생들은 '절차적 사고를 바탕으로 프로그램 설계와 제작 과정을 경험'하고, 자신이 제작한 결과물에 대한 '반성적 사고를 통해 기술의 개선과 발전을 도모할 수 있는 능력을 기르는 학습경험'을 제공받아야 합니다.

[6실04-07] 소프트웨어가 적용된 사례를 찾아보고 우리 생활에 미치는 영향을 이해한다.
[6실04-08] 절차적 사고에 의한 문제 해결의 순서를 생각하고 적용한다.
[6실04-09] 프로그래밍 도구를 사용하여 기초적인 프로그래밍 과정을 체험한다.
[6실04-10] 자료를 입력하고 필요한 처리를 수행한 후 결과를 출력하는 단순한 프로그램을 설계한다.
[6실04-11] 문제를 해결하는 프로그램을 만드는 과정에서 순차, 선택, 반복 등의 구조를 이해한다.

그렇다면 교육과정 구현을 위한 수업은 어떻게 설계할까요. 한국교육개발원에서 만든 소프트웨어 교육용 교수·학습모형 5가지[10]를 소개하면 다음과 같습니다. 시연중심모델(DMM)은 직접교수법, 재구성 중심모델(UMC)은 발견학습, 개발중심모델(DDD)은 탐구학습에서 착안된 것입니다. 시연중심의 경우 교사가 기본 모델을

---

10)　출처: 한국교육개발원(2015). SW교육 교수학습 모형 개발 연구. 진천: 한국교육개발원. p.57-78.

제시하면서 질의응답을 통해 학생들의 이해를 돕고 모방하기 단계로 넘어가는 방법을 사용합니다. 재구성중심 모델은 학생들이 학습한 내용을 변형하여 특정 미션을 해결하도록 하는 방법, 혹은 기존의 내용을 창의적으로 수정하거나 개선시키는 수업에 유용합니다. 긴 호흡으로 진행되는 프로젝트 학습에서 프로그램 문법이나 교구 사용 방법을 지도할 때 시연중심 모델을 기본으로 하고 재구성 모델이나 개발중심 모형을 접목하면 좋을 것 같습니다.

〈소프트웨어교육 교수·학습 모형〉

구분	절차	활동
시연중심모델 (DMM)	시연(Demonstraion)	교사의 설명과 시범, 표준 모델 제시
	모방(Modeling)	학생 모방하기, 질문과 대답
	제작(Making)	단계적, 독립적 연습, 반복활동을 통한 기능 습득
재구성 중심모델 (UMC)	놀이(Use)	학습자의 체험활동, 관찰과 탐색
	수정(Modify)	교사가 의도적으로 모듈 및 알고리즘을 변형하여 제시
	재구성(reCreate)	놀이와 수정 활동을 확장하여 자신만의 프로그램 구현
개발중심모델 (DDD)	탐구(Discovery)	탐색과 발견을 통한 지식 구성
	설계(Design)	알고리즘의 계획 및 설계
	개발(Development)	프로그래밍 언어로 구현 및 피드백
디자인중심 모델 (NDIS)	요구분석(Needs)	주어진 문제의 고찰과 사용자 중심의 요구 분석
	디자인(Design)	분해와 패턴 찾기, 알고리즘 설계
	구현(Implementation)	프로그래밍과 피지컬 컴퓨팅으로 산출물 구현
	공유(Share)	산출물 공유와 피드백을 통한 자기 성찰
CT요소 중심모델 (DPAAP)	분해(Decomposition)	컴퓨터가 해결 가능한 단위로 문제 분해
	패턴 인식 (Pattern Recognition)	반복되는 일정한 경향 및 규칙의 탐색
	추상화(Abstraction)	문제 단순화, 패턴 인식으로 발견한 원리 공식화
	알고리즘(Algorithm)	추상화된 핵심원리를 절차적으로 구성
	프로그래밍 (Programming)	컴퓨터가 이해할 수 있는 언어로 구현 실행

본서에서는 디자인챌린지 형 프로젝트 활동을 주로 소개하고 있으므로 디자인 중심 모델의 절차를 살펴보겠습니다. 요구분석(Needs)은 누가, 어떤 기능을 필요로 하는지, 이러한 기능을 구현하기 위해 어떤 지식이 필요한지 분석하여 정보를 수집 하는 단계입니다. 디자인(Design) 단계에서는 문제 해결에 필요한 아이디어와 절차를 구안하고, 구현(Implementation) 단계에서 프로그래밍을 포함한 산출물을 완성 하도록 합니다. 공유(Share) 단계에서는 결과물을 서로 공유하면서 상호 피드백을 주고받도록 하여 활동 과정에 대한 자기 성찰을 돕습니다. 대부분의 프로젝트 학 습에서는 활동의 전과정에서 반성적 성찰이 이루어지도록 하므로 공유(Share) 단 계를 별도 과정으로 인식할 필요는 없을 것 같습니다.

〈디자인 중심 모델(NDIS)〉

단계	주요 학습 내용	학습 활동
요구분석 (Needs)	문제 이해 인간중심 요구분석	• 주어진 문제에 대한 고찰과 사용자에 대한 탐색 • 인간중심의 사용자 요구분석 • 인간의 삶에 도움을 줄 수 있도록 안내
디자인 (Design)	창의적 설계 및 계획 공학적 설계	• 프로그래밍 언어로 구현하기 전에 이해하기 쉽게 계획 • 구현할 알고리즘을 세부적으로 생각해 보도록 유도
구현 (Implementation)	개발 및 구현 언플러그드 전략 EPL, 피지컬 융합컴퓨팅	• 언플러그드, EPL, 피지컬 컴퓨팅의 영역을 사용하면서 학습내용을 구체화 • 계획한 프로젝트를 EPL을 통해 구현 • 학생 스스로 계획, 구현해 보는 활동을 통해 다양한 학문 또는 기술을 융합하여 표현해보는 활동
공유 (Share)	공유 및 피드백	• 개발된 프로그램 공유 • 프로그램의 피드백, 개발 과정에 대한 자기성찰

2015개정 초등교육과정에는 소프트웨어 교육에 17시간이 배당되어 있습니다. 4 차 산업혁명의 도래와 함께 새로운 교육내용이 들어왔지만, 기존의 많은 것을 덜어 내지 않으면서 보태지기만 하다 보니 교사들은 너무 많은 것을 가르치면서 무엇 하 나도 제대로 가르치기 어려운 여건에 놓였지요. 17시간이란 수업 시수가 어려운 여 건에서는 너무나 긴 시간이고 뭔가를 제대로 해보기에는 턱없이 부족한 시간이기

도 합니다. 특히 피지컬 컴퓨팅 활동을 하려면 고가의 교구와 수업 환경이 구축되어야 하기 때문에, 체계적이고 지속적인 지원이 필요한 학교가 많습니다. 소프트웨어 동아리를 운영하면서 지역 대학의 교수님을 초빙한 적이 있었는데, 교수님은 두 분의 보조교사와 함께 협력 수업을 하시면서 모든 아이들이 성공 경험을 가져갈 수 있게 운영하셨습니다. 학교에서도 교구 구입이나 환경 구축에만 중점을 둘 것이 아니라 1수업 2교사 형태의 교육방식을 적극적으로 검토할 필요가 있습니다.

많은 SW교구들이 고가여서 학급 규모의 개수를 보유하는 것이 쉽지 않다보니, 한 학교에서 아이들 발달 단계에 맞게 다양한 교구를 갖추기 어려운 점도 상당한 제약요인입니다. 지역 교육청이나 거점학교, 교육센터를 통해 교구를 대여 받는 시스템이 마련되었지만, 학교 입장에서는 보다 간편한 방법으로 언제든지 충분한 교구를 제공받을 수 있는 방안이 마련될 필요가 있습니다. 국가 차원에서 SW교구 회사들과 계약을 체결하여 필요한 교구를 학교가 언제든지 빌려 쓸 수 있는 공적 대여 시스템이 마련되면 좋겠습니다. 컴퓨터 책상이 일방향을 향하고 있는 컴퓨터 교실이나 전통적인 교실 형태 역시 프로젝트 학습 활동에 적절한 구조로 변화되어야 할 것입니다. 한국형 뉴딜 정책으로 추진되는 그린 스마트 스쿨 정책에 따라 모든 교실에 WiFi 사용 환경이 갖추어졌으며, 곧 모든 학생에게 1인 1스마트 기기가 보급됩니다. 그러나 단지 첨단 기기의 투여만으로 효과적인 수업을 창출하기는 어렵습니다. 학습 목표 달성을 위한 블록타임이나 교과융합 등 유연한 수업 운영이 이루어질 수 있는 교사 자율성의 토대가 마련되어야 하고, 이론·실습과 개별·협동 학습이 함께 이루어질 수 있는 학습 공간이 고려되어야 합니다. SW융합 프로젝트를 위한 교실은 강의식, 발표식, 토의·토론식, 작업식 수업이 가능해야 할 것이며 개별 학습과 협력학습을 넘나들 수 있는 가변적인 공간 구성이 필요합니다. O2O, 증강현실, 가상현실, 3D스캐너 등을 활용하여 학생들의 경험과 인지 영역의 확장을 두울 필요도 있으며, 교사 협력제, AI 기술을 활용한 IA(intelligence assistant)의 활용으로 모든 학생에게 적시적인 도움을 제공할 방안도 마련되어야 합니다.

아는 만큼 보이는
프로젝트 학습

———

프로젝트학습에 관한 이해를 돕기 위해 GSPBL에서 제시하는 PBL의 특징을 개략적으로 살펴보겠습니다. 미국의 벅교육연구소에서 발간한 <프로젝트학습: 초등교사를 위한 안내>에서는 "PBL이 아닌 것을 설명하기는 쉽지만, 'PBL은 이런 것이다'라고 정의하기는 쉽지 않다"라고 설명하고 있습니다. 그렇다면 어떤 것이 PBL이 아닌 것이고, PBL이라면 어떤 요소를 갖추어야 할까요? 다음은 GSPBL[11]에서 제시하는 유사 프로젝트학습(프로젝트학습처럼 보이지만 프로젝트학습이 아닌 것)과 프로젝트를 설계할 때 필수적으로 고려해야할 요소입니다. 유사 프로젝트 학습은 단원의 핵심 지식의 학습과 주요 활동을 대체할 수 없는 '보충'활동에 가깝다고 이해하시면 될 것 같네요. 저자 역시 유사프로젝트 학습을 많이 하였는데요. 무엇이든 처음부터 제대로 갖춰진 수준으로 하려면 시작조차 어려울 수 있으니 일단 저지르고 보는 돈키호테 식 도전정신도 필요한 것 같습니다.

---

11) 벅연구소에서 제시한 필수요소를 완벽하게 갖춘 PBL을 'GSPBL(Gold Standard PBL)'로 지칭함

〈유사 프로젝트학습의 예〉[12]

- •디저트 프로젝트: 단원이 끝난 뒤 학습에 대한 보상처럼 제공되는 과제
  - -학생들이 학습의 전 과정을 모르는 상태에서 교사의 지시와 안내를 따르면서 지식을 습득
  - -재미는 있으나 진정한 학습이나 평가와 거리가 있음
    - 예) 책 읽고 표지 디자인하기, 이야기를 읽고 영화 예고편 만들기

- •사이드디시 프로젝트: 교과내용 심화학습을 목적으로 제공되는 활동
  - -수업 자체는 기존의 방식대로 이루어짐
  - -학생들이 정한 주제를 교실 밖에서 각자 연구한 다음 수업에서 발표(사실상 과제물에 가까움)
    - 예) 과학 실험 설계 및 실행, 멸종 위기에 처한 동물 조사 등

- •뷔페 프로젝트: 한 가지 주제에 대해 다양한 활동을 경험할 수 있도록 설계된 활동
  - -PBL과 유사하지만 뷔페에서 음식 고르듯 세부주제와 활동, 결과물 등을 즉흥적으로 선택
    - 예) 역사 수업 후 역사지도 제작하기, 연표 만들기, 인물에 관한 노래 가사 짓기 등

- •단원 수행평가나 응용 과제: 단원이 끝난 후 다양한 형태로 배운 내용을 표현하는 활동
  - -배운 내용을 확인하거나 평가하는 데 목적이 있는 활동
    - 예) 보고서, 프레젠테이션, 만들기 과제 등

〈프로젝트 설계의 필수 요소〉[13]

어려운 문제 또는 질문	•프로젝트 학습을 구조화하고 학습의 목적을 부여하는 활동 •학생들에게 제공되어야 할 지원과 비계설정이 고려되는 단계 •당장은 해결이 안 되지만 흥미를 갖고 해볼 만한 주제를 설정하는 것
지속적인 탐구동기 부여	•프로젝트 완수를 위해 끊임없이 질문하고 해결책을 찾아가는 활동 •지금 알고 있는 것은 무엇이고 문제 해결을 위해 알아야 할 것은 무엇인지 탐구하게 만들고 배움의 목적을 확고히 하며 목표를 향해 추동하는 활동
실제성	•학습의 경험이 갖는 현실성으로 자신의 삶에 실제적인 영향을 주는 것 •문제의 해결, 주위 환경의 변화, 사람들에게 영향력을 행사하기 등
학생들의 의사와 선택권	•문제 해결 방법에 대해 판단하고 결정하게 하는 자율성 부여 •주제와 여건에 따라 학생들에게 어느 정도의 선택권을 부여할지 교사가 결정
성찰	•활동 과정과 결과물에 대한 내적 성찰과 반성적 사고
비평과 개선	•교사, 전문가, 멘토 등을 비롯한 친구들과 주변 어른들로부터의 피드백 •자신의 학습을 점검하고 개선할 기회와 작업의 정교성을 높이는 기회
공개할 결과물	•만들어낸 결과물을 교실 밖 청중들과 공유하기 •결과물에 대한 책임과 동기를 부여하는 효과

---

12) 존라머 외(2017). 프로젝트 수업 어떻게 할 것인가? 서울: 지식프레임. p.157-160
13) 출처: 티처빌 연수 자료 〈프로젝트 수업, 어디까지 해봤니?〉

PBL(Project Based Learning)이란 '프로젝트 기반 학습'을 말합니다. '복합적이며 실제적인 문제와 세심하게 설계된 학습 결과물을 중심으로 구성되며 장기간의 탐구 과정을 거쳐 지식과 기능을 학습하는 체계적인 교수법'으로 정의되고 있습니다. 프로젝트 기반 학습에서 교사는 프로젝트를 구상하고 계획하며 학생이 배울 가치가 있는 것에 몰두하도록 이끌어야 하는 '촉진자(facilitator)'이면서 학생이 사고하고 탐구하며 경험할 수 있는 상황을 만들어 내는 데 필요한 하나의 '수업 환경(learning environment)'으로 존재합니다. 즉 학생이 성공할 수 있도록 학습에 대한 비계(sca-folding)와 다양한 자료(쪽지시험, 학습지, 자료검색 방법)를 제공하면서 배움의 과정을 확인하고 배움 목표에 도달하도록 참여 동기를 제공해야 합니다. 여기서 평가는 아이들의 학습능력을 평정하기 위함이 아니라 성장을 돕기 위한 피드백으로 작용하는 것입니다. 프로젝트 활동으로 유의미한 배움이 일어나기 위해서는 학생들에게도 최대한 많은 책임감을 부여해야 합니다. 일단 학생들이 프로젝트 목표를 잘 파악하도록 해야 하며, 성취감을 갖고 자신의 배움을 잘 운용해나가도록 학습 과정을 잘 조직해야 할 것입니다. 다음은 PBL의 대표적인 5가지 유형으로 필자가 수업에서 해본 주제를 포함하였습니다. 프로젝트 학습의 목적과 필수 요소에 따라 수업을 설계할 때 체크리스트도 참고하시면 좋을 것 같습니다.

<h2 style="text-align:center">〈PBL의 5가지 유형〉[14]</h2>

PBL 유형	프로젝트 주제 예시
❶ 실생활의 문제를 해결하는 프로젝트	• 실생활에서 일어나는 문제 해결방안을 모색하는 프로젝트 -길고양이 문제 어떻게 해결하면 좋을까 -부족한 용돈 어떻게 해결하나
❷ 디자인 챌린지 프로젝트	• 어떤 결과물을 계획하거나 만들어내는 프로젝트 -편리한 사물함 설계하기-안전 동영상 만들기
❸ 추상적인 질문을 탐구하는 프로젝트	• 철학적 문제, 추상적인 질문, 개념을 탐구하는 프로젝트 -사람을 가장 행복하게 만드는 것은 무엇인가? -공부는 왜 하는 걸까?
❹ 조사·연구를 실시하는 프로젝트	• 연구, 자료수집, 분석을 통해 질문에 답변하도록 하는 프로젝트 -원자력 발전은 왜 하는가? -수도권에는 왜 인구가 많은가?
❺ 쟁점에 대한 입장을 취하는 프로젝트	• 찬반논쟁을 통해 쟁점에 대한 입장을 취하는 프로젝트 -초등학생은 샤프를 사용하지 말아야 하는가? -학교에서 타종이 필요한가?

---

14) 존라머 외(2017). 프로젝트 수업 어떻게 할 것인가? 서울: 지식프레임. p.164-171.

프로젝트 학습 체크리스트[15]

필수 요소	질 문	Yes	No
❶ 핵심 지식, 이해, 성공역량	• 성취기준에 근거하여 핵심 지식과 비판적 사고력, 문제해결력, 협업능력, 자기관리능력과 같은 미래역량을 기르는 데 중점을 두고 있는가?		
❷ 도전적 문제 또는 질문	• 학생 수준에 적절한 문제나 질문으로 시작하는가? • 해결할 만한 가치가 있는 문제나 질문에 바탕을 두고 있는가?		
❸ 지속적 탐구	• 다양한 자원을 활용하여 흥미롭게 탐구하는가? • 자신만의 답을 만들어 나갈 수 있도록 지속적으로 학생들을 자극하는가?		
❹ 실제성	• 실생활의 맥락에서 실제적인 과정과 도구를 사용하는가? • 학생들의 고민, 관심, 정체성과 연관이 있는 프로젝트인가?		
❺ 학생의 의사와 선택	• 학생들이 결과물 제작, 프로젝트 진행 방법, 시간 사용에 대해 선택할 수 있는가? • 학생들이 필요로 하는 교사의 적절한 지도가 있는가?		
❻ 성찰	• 프로젝트 설계 및 적용에 관한 성찰의 기회를 제공하는가? • 학생들이 무엇을 어떻게 학습하고 있는지에 대한 자기성찰의 기회를 제공하는가?		
❼ 비평과 개선	• 학생들이 프로젝트에 대해 피드백을 주고받을 수 있는 과정을 제공하는가? • 아이디어나 프로젝트를 개선하거나 추가적인 탐구를 이어나갈 수 있도록 하는가?		
❽ 공개할 결과물	• 학생들이 만든 결과물이 교실 밖의 대상에게 공개되거나 제공되는가?		

GSPBL에서는 프로젝트 설계의 3단계 과정과 그에 대한 가이드라인을 제시하고 있습니다. [1단계]에서는 프로젝트 활동 여건을 고려하여 기본 사항을 정합니다. [2단계]에서는 성취기준을 중심으로 학교나 지역, 사회적 이슈, 실생활 문제, 뉴스나 인기 드라마의 내용, 학생들의 관심사를 반영하여 교육과정을 재구성합니다. 교육과정의 출발점은 국가수준교육과정에서 제시한 성취기준을 먼저 확인하는 것입니다. 성취기준은 '학생들이 교과를 통해 배워야 할 내용과 이를 통해 수업 후 할 수 있기를 기대하는 능력을 결합하여 나타낸 수업활동의 기준'으로 정의됩니다. 2015

---

15)   출처: 티처빌 연수 자료 〈프로젝트 수업, 어디까지 해봤니?〉

개정교육과정에서 제시하는 성취기준은 OECD 교육 2030에서 제시한 '변혁적 역량'을 추구하는 새로운 교육 패러다임에 비추어 볼 때 다소 협소한 측면이 있으므로 (성열관 외, 2020), 교사교육과정을 운영할 때 '가치·태도'의 측면을 보완하여 재진술할 필요가 있습니다. 국가수준의 교육과정을 무비판적으로 따르는 것은 개개인의 역량을 키우는 것이 아니라 오히려 또다른 의미에서 교육의 획일화를 가져올 수 있기 때문입니다. 따라서 성취기준의 본질적인 취지에 입각하여 수업이 지향하는 역량을 총체적으로 진술하면서, 학생이 배워야할 것과 교사가 설계하는 교육과정-수업-평가 계획을 명료화시킬 수 있는 기준을 수립해야할 것입니다. 프로젝트 학습을 설계하기 위해서는 교과 간 핵심성취기준을 중심으로 모든 수업을 관통하는 지식(Big idea)를 도출하여 성취기준을 재진술할 필요가 있습니다.

〈주제중심 수업을 위한 성취기준의 재구성〉

교과	성취기준	주제중심 성취기준 재구성
창체	[창의주제] 엔트리를 활용하여 이야기 꾸미기	[주제] 엔트리로 만드는 전자책 -우리들 이야기-
실과	[6실04-11] 문제를 해결하는 프로그램을 만드는 과정에서 순차, 선택, 반복 등의 구조를 이해한다.	[성취기준] 자신의 경험을 바탕으로 이야기를 구성하고, 순차·선택·반복 알고리즘을 사용하여 엔트리프로그램으로 표현한다.
국어	[6국05-04] 일상생활의 경험을 이야기나 극의 형식으로 표현한다.	
미술	[6미01-05] 미술 활동에 타 교과의 내용, 방법 등을 활용할 수 있다.	
일반화 지식(Big idea) 이야기의 구성이나 스토리텔링에서 시간의 흐름에 따른 순차적 구성이 보편적인 방식으로 사용된다.		

성취기준을 재구성하였다면 학생들의 특성이나 발달 단계를 고려하여 교육과정의 분량과 수준을 적정화할 필요가 있습니다. 교육내용의 수준과 양을 적절하게 하는 것은 진도에 급급하여 '달리는' 수업을 막고, 교사에게 모든 학생의 배움을 살필 여유를 주어 수업전문성을 보다 잘 발휘하도록 하기 위함입니다. 2015개정교육과정에서 학년군별성취기준을 제시한 것도 학생들의 성장을 고려한 유연적인 교육

과정 운영이 반영된 부분입니다. 교육선진국으로 손꼽히는 싱가폴에서는 '적게 가르치고 많이 배우게한다(teach less learn more)'는 모토를 중요시합니다. 정말 필요한 지식의 정수를 중심으로 적정한 양을 선택하여 심도 있게 탐구함으로써 학생들의 진정한 이해와 학습 역량을 높이는 것이 중요하겠습니다.

설계 과정		고려할 사항
1단계	상황 분석	• 누가 프로젝트에 참여할 것인가? • 단순 PBL로 할 것인가, 복합 PBL로 할 것인가?[16] • 프로젝트 시기와 진행 기간은 언제로 할 것인가?[17] • 단일교과 프로젝트로 할 것인가, 교과융합 프로젝트로 할 것인가?
2단계	아이디어 구상	• 기존 프로젝트를 활용할 것인가, 새로운 프로젝트를 구상할 것인가?
3단계	기본 틀 잡기	① 학습목표 수립 ② 학습결과물 선정 ③ 결과물 전시 방법 결정 ④ 탐구질문(driving question) 작성 ⑤ 마무리-성찰 및 수정

[3단계]는 학생들을 프로젝트에 접근시키기 위한 체계적인 기본 계획을 세웁니다. 3단계에서는 성취기준과 학습목표가 일치하도록 하고 이 활동을 통해 어떤 핵심지식과 역량(비판적 사고력, 문제해결 능력, 협업능력, 자기관리능력 등)을 기를 것인가에 비추어 수업 목표를 설정합니다. 결과물에 따라 학생들의 참여도와 수업 과정도 달라지므로 산출물 선정은 중요합니다. 산출물을 선정할 때 학생들의 입장에서 실현가능한 것인지, 학생들의 삶에서 실제적인 의미를 지니는지도 반드시 고려되어야 합니다. 또 개별 활동과 모둠 활동 중 어떤 지점에서 어떤 활동이 더 강조되며, 모둠별로 같은 결과물을 만들 것인지 다른 결과물을 만들 것인지도 고민해봐야 할 부분입니다. 산출물 전시 방법을 정할 때는 행사에 참여하거나, 공연, 발표회 혹은 전시회, 출판, 투고, 메일 보내기 등 사람들과 어떻게 교류하고 결과물을 활용할 것인지 결정합니다. 프로젝트 주제로 제시되는 '탐구질문(driving question)'은 프로젝트 수업 전체를 구동시키는 힘을 가진 질문으로, 말 그대로 의문문으로 제시되거나 문제 상황에 대한 설명, 가상 시나리오 등 다양한 형태로 제시할 수 있습니다.

마지막으로 교사는 자신이 설계한 수업이 프로젝트 학습의 본질을 잘 반영하고 있는지를 점검해야 합니다. 학생, 동료 교사, 학부모, 관리자의 관점에서 피드백을

---

16) 단순한 문제인가, 복잡한 문제인가, 교사 1인 혹은 여러 명의 협업 수업을 결정합니다.
17) 차시, 달, 학기, 연 단위 등으로 단기, 중기, 장기 프로젝트 기간을 결정합니다.

받은 후 수정하거나 보완할 수 있고, 학생들에게 주제를 제공한 다음 아이디어가 도출되는 진행을 살피면서 수정해나갈 수도 있습니다. 수업 자체가 정해진 프로토 콜을 따르는 형태가 아니라 시행착오를 거치면서 다듬어나가는 프로토 타입으로서의 의미를 지녀야 합니다. 따라서 교사는 자신이 운영하는 프로젝트 수업에 대해 확고한 철학을 갖되 유연한 자세를 유지할 필요가 있습니다.

GSPBL에서는 프로젝트의 필수적인 요소로서 ❶어려운 문제 또는 질문, ❷지속적 탐구, ❸실제성, ❹학생들의 의사와 선택권, ❺성찰, ❻비평과 개선, ❼공개할 결과물의 7가지를 제시하였습니다. 그러나 이 요소를 완벽히 갖추지 못했다고 해서 잘못된 프로젝트가 되는 것은 아닙니다. 교사가 모든 요소들을 고려하여 설계하더라도 교과나 관련 주제의 성격, 학생들의 특성, 학교와 교실 상황에 따라 요소들의 강약이 생길 수밖에 없습니다. 프로젝트학습은 교사와 학생들이 협력하고 함께 탐구하면서 목표로 하는 산출물을 얻는 동반성장의 과정입니다. 학생들이 배워야 할 핵심 지식이나 역량을 기르기 위해 수업의 목표는 확고히 설정하되, 그 과정은 교사와 학생, 학생과 학생 간의 콜라보, 신뢰, 열의의 정도에 따라 다양하게 전개되며, 관련 교과의 특성과 내용, 교사와 학생들의 특성에 따라서도 다양한 색깔로 펼쳐질 수 있습니다. 따라서 자신의 전문성에 대한 자신감을 갖고 매진하시기를 응원합니다.

교사의 강점을 살리는
지피지기 프로젝트

———

선생님의 강점은 무엇인가요? <프로젝트수업, 배움을 디자인하다 (2017, 행복한미래)>에서는 교사의 강점을 스타일링 할 것을 조언하고 있고, <수업성숙도, 교사의 강점을 담다(2016, 행복한미래)>에서는 교사의 강점 유형을 16가지로 제시하면서 자신의 강점을 고려한 수업 계획을 권장합니다. 특히 후자에서는 수업 성숙도를 설명하는 4가지 영역으로 수업다양성, 수업명료성, 수업몰입성, 수업효과성에 대한 척도를 제공합니다. 이를 참고하여 스스로 수업의 강점을 진단해보고, 성숙도 진단을 통해 발견되는 16가지 유형에 따라 자신의 강점을 발휘할 수 있는 전략을 만들어보시는 것도 좋겠습니다.

〈수업성숙도의 척도〉[18]

수업 다양성	다양한 기질의 아이들을 수업에 참여시키기 위해 다양한 교수방법을 모색하여 적용하는 힘
수업 명료성	수업의 내용을 단계적으로 구성하여 아이들이 이해하도록 쉽고 명확하게 전달하는 힘
수업 몰입성	자신의 아이디어와 타인의 생각을 정반합의 변증법으로 흥미롭게 집중시키는 힘
수업 효과성	아이들과 친밀한 상호작용을 통해 수업목표에 효과적으로 도달하도록 이끌어주는 힘

4가지 수업성숙도 모두에서 별 다섯 개인 교사를 보셨나요? 서사와 오랜 시간 파트너로 일해 온 선생님에 대해 잠시 소개할까 합니다. 이 선생님은 노래를 지도할 때 아이들의 지닌 능력에 대해 빠르고 냉철한 판단을 내린 다음, 좀처럼 고쳐지지

---

18)　정민수(2016). 수업성숙도, 교사의 강점을 담다. 남양주: 행복한미래. p.94-153.

않는 부분에 대한 미련을 과감하게 버리고 대신 아이가 잘하는 부분을 눈부시게 만들어버립니다. 그런 선생님의 전문성과 안목 덕분에 우리 팀은 항상 결과가 좋았지요. 누구나 강점과 약점은 있게 마련인데, 이것을 어떻게 발현시켜나갈 것인지가 무척 중요한 것 같습니다. 쉽게 말해서 조금만 노력하면 전지현이 될 수 있는데 굳이 김태희가 되기 위해 애쓰고 있는 것은 아닌지 생각해볼 필요도 있습니다. 약점에 대한 미련을 줄이고 강점을 살린다면, 자신을 비롯한 동료교사 역시 강점을 인정하고 응원해준다면 많은 선생님들이 보다 자신감을 갖고 수업을 성장시켜갈 수 있을 것입니다.

〈교사들의 유형에 따른 역량강화〉[19]

구분	교사 유형	강점	역량강화 교수법
1	만능 재주꾼	수업 다양성	창의성을 발산하게 하라
2	엄격한 관리자	수업 명료성	책임과 의무를 다하게 하라
3	논쟁을 즐기는 변론가	수업 몰입성	탐구 과제에 몰입시켜라
4	선의의 옹호자	수업 효과성	자신의 가치를 실현하게 하라
5	모험을 즐기는 사업가	수업 다양성×수업 명료성	체계와 질서를 지키게 하라
6	호기심 많은 예술가	수업 다양성×수업 몰입성	관심 분야를 직접 경험하게 하라
7	자유로운 영혼의 연예인	수업 다양성×수업 효과성	참여할 수 있는 미션을 정해줘라
8	재기발랄한 활동가	수업 효과성×수업 다양성	자유로운 삶을 갈망하게 하라
9	용의주도한 전략가	수업 명료성×수업 몰입성	체계나 규칙을 분석하게 하라
10	용감한 수호자	수업 명료성×수업 효과성	정서를 이해하도록 도와줘라
11	논리적인 사색가	수업 몰입성×수업 효과성	아이디어를 작품으로 만들게 하라
12	대담한 통솔자	수업 다양성×명료성×몰입성	폭넓은 안목을 갖게 하라
13	정의로운 사회운동가	수업 다양성×명료성×효과성	변화를 이끌게 하라
14	사교적인 외교관	수업 명료성×효과성×다양성	리더십을 발휘시켜라
15	열정적인 중재자	수업 다양성×몰입성×효과성	표현의 장을 마련하도록 하라
16	청렴결백한 논리주의자	수업 명료성×몰입성×효과성	수준 높은 과제를 수행하게 하라

---

19) 정민수(2016). 수업성숙도, 교사의 강점을 담다. 남양주: 행복한미래. p.208-255.

프로젝트를 지속시켜가면서 교사의 가치관과 수업의 교육적 가치를 명료화시킬 필요도 있습니다. 교육적 가치는 모든 교육과정을 관통하는 차원에서 추구하는 것으로 저자가 추구하는 몇 가지의 가치를 예로 든다면 다음과 같습니다.

① 인류의 삶에 기여하기
- 뭔가를 더 빨리 잘하기 위한 기술보다 사람을 배려하는 기술(날개보다는 의족에 가까운 것)
- 소수의 독보적 편의보다 다수의 웰빙을 추구하는 것

② 배움에 대한 책임감
- 교사와 학생의 수업 기여도가 비슷한 수준에서 이루어지도록 하기
- 학생은 자신의 배움에 책임감을 갖고 교사는 학생의 성장을 돕는 일에 책임감 갖기

③ 현재의 수준보다 높은 것
당장 혼자서의 해결은 어렵지만 탐구하고 협력했을 때 충분히 해결 가능한 것

④ 메타인지의 활용
배움의 과정에서 자신의 배움에 대해 성찰하고 더 나아가기 위해 필요한 전략 세우기

⑤ 창업정신, 도전, 새로움을 추구하는 개척자
- 예전에 없던 것, 해보지 않은 생각, 가보지 않은 길을 생각하기
- 자신의 역량을 신뢰하고 미래의 자신에 대한 기대감 갖기

크고 튼튼하고 빠른 차를 선망하는 사람들에게 아름다운 충격을 던졌던 '소나타 터쳐블 뮤직시트' 광고를 보신 적이 있을 겁니다. 청각장애인이라는 사실을 들키기

싫어서 항상 헤드셋을 끼고 다니던 듣지 못하는 아이가 있었지요. 어느 날 그 아이를 위한 선물이 음악실에 도착해 있었는데, 그 선물은 진동으로 음악을 들려주는 '뮤직시트'였습니다. 듣지 못하는 아이에게 음악을 선물하는 자동차 시트를 어떤 사람이 생각했을까요. 그 광고는 우리가 기술을 발전시켜나가는 이유를 가슴으로 느끼게 했고, 훌륭한 기술자가 자기 능력을 어떻게 사용해야 하는가를 보여주었습니다. 우리의 아이들도 자신의 능력을 개인적, 물질적 이익과 거래하기보다 차원 높은 가치를 명예롭게 실현해가기를 바랍니다. 기술과 정보력이 진보하는 만큼 사회는 불평등과 분열, 자원의 고갈로 몸살을 앓고 있습니다. 따라서 미래 교육은 이러한 문제에 대응하는 공존의 철학을 지향해야 할 것입니다.

수업의 과정에서 배움은 학생과 교사에게 동시에 일어나는 것입니다. 교사는 가르치면서 성장하고 학생들은 협동하면서 배웁니다. 교사는 학생들에게 필요한 도움을 제공하되 문제 해결을 위해 필요한 것을 학생들 스스로 생각하고 결정하게 해야 합니다. 프로그래밍 과정에서 교사가 기본 코드를 제공한다면 그 코드의 활용과 개선은 학생들의 몫으로 남겨야하겠지요. 소프트웨어 교육의 특성상 프로그래밍 문법을 엄격히 지켜야 결과물을 얻을 수 있기 때문에 설명과 시범 중심으로 지도해야하는 부분도 많습니다. 따라서 교사 혼자 프로젝트를 진행하는 경우 학습 어플이나 동영상, 학습지 등의 자료를 활용하여 정확한 이해를 돕고, 프로그램의 적용과 발전은 학생들의 자유로운 선택영역으로 제공하는 것이 좋겠습니다.

많은 선생님들이 학습 주제나 활동을 정할 때 '재미'와 '의미'라는 두 마리 토끼를 쫓으실 겁니다. 하지만 가령 '어렵고 중요한 것'처럼 아이들이 좋아하지 않지만 경험해볼 가치가 있는 내용도 있지요. 프로젝트 학습의 궁극적인 목적은 '지식의 이해와 활용'을 통한 역량 키우기에 있습니다. 여기서 말하는 지식은 단순한 방식으로 취할 수 있는 단편적인 지식이 아니라 실험과 비평과 분석을 거친 고차원적인 '새로운 정보의 창출'을 말합니다. 따라서 학생들의 흥미와 관심을 고려하되 '학생 중심'의 앞에 '배움 중심'을 둘 필요가 있습니다. 즐겁게 배우는 것을 추구하지만 중요한 깨달음이 우선해야 한다는 것입니다. 익숙하게 해오던 생각을 가시적으로 드러내어 비판적인 관점에서 분석함으로써 자신의 사고에 대한 성찰을 도울 필요도 있습니다. 학교 종이 없어지면 어떨까, 우유 급식은 필요한가, 학교에서 우리 권한으로 선택할 수 있는 것은 뭘까, 등과 같이 아이들이 항상 누려오던 것, 너무 당연해서 고민해보지 않은 것에 대한 생각의 기회를 제공할 필요도 있습니다.

소프트웨어 활용 수업에서는 우리가 사용하는 제품의 원리에 대한 이해와 체험, 자신의 체험에 대한 성찰, 그리고 현존의 것이 앞으로 어떻게 변화되어 갈 수 있는지와 관련하여 새로운 아이디어를 제시하는 활동을 중요시하고 있습니다. 생각하기 귀찮아하거나 정답을 찾으려고 하는 학생들도 있지만 지속적인 질문을 주고받으면서 주체적으로 사고하는 기회를 갖게 됩니다. 항상 발표하는 일부 아이들에게 발표의 쏠림이 일어나지 않도록 순서대로 모두 한 마디, 비슷한 의견에 덧붙이기, 반대 의견에 반대하기, 포스트잇 생각 모으기, 대답할 사람을 정해서 묻기 등 다양한 토의 방식을 활용하여 모든 학생들이 자기 생각을 표현할 수 있는 기회를 주는 것이 좋겠습니다.

'좋은 수업은 이런 것이다'라고 말할 수 있는 모범 답안은 없는 것 같습니다. 학교 여건, 선생님의 강점, 아이들에 따라 같은 내용의 수업도 다양하게 펼쳐지기 마련이죠. 처음 입직을 했을 때 주변 선생님들이 잘하는 것을 따라 하기 바빴는데, 그 효과가 썩 좋지만은 않았던 것 같습니다. 그때를 돌이켜 보면 자신에게 맞지 않는 옷을 억지로 껴입은 사람이 보입니다. 모든 교사가 똑같은 방법으로 가르칠 필요는 없으며 모든 교사가 똑같아도 안 된다고 생각합니다. 학생들이 12년의 성장기를 거치면서 서로 다른 장점을 가진 선생님을 두루 만나봐야 하지 않을까요? 중요한 것은 교사가 수업을 하면서 어떻게 학생들의 성장을 돕고 역량을 키워나갈 것인지에 관한 비전을 세우고, 나의 수업으로 인해 학생들에게 어떠한 변화가 일어나고 있는지에 주목하면서 학생과 함께 성장해 나가는 자세인 것 같습니다.

2장

오조봇

오조봇이란?

———

오조봇(Ozobot)은 라인트레이서로 검정색 선을 따라가는 로봇입니다. 코딩을 하지 않아도 스티커를 활용하여 원하는 동작을 구현시킬 수 있기 때문에 저학년 아이들이나 프로그래밍을 어려워하는 아이들도 부담 없이 즐길 수 있지요. (주)마르시스에듀에서도 다양한 교육 콘텐츠를 제공하고 있어서 학생들의 창의력을 발휘한 다양한 활동에 도전할 수 있습니다. 선을 따라 움직이는 동작이 단조롭게 느껴진다면 '오조 블록클리' 사이트에 접속해서 원하는 프로그래밍을 입력하여 작동시킬 수 있습니다. 오조봇 이보(Ozobot Evo)는 엔트리와 연결하여 사용할 수 있기 때문에 엔트리를 활용하여 소프트웨어 학습을 시작하기 좋습니다.

오조봇은 기능이 간단하고 사용이 편리하지만 버튼 사용법과 영점조절 하기, 선 모양을 그릴 때 주의점 등 사용법의 기초를 학생들에게 잘 숙지시키는 것이 중요합니다. 선 따라가기로 일정 미션을 완수하는 활동을 한 후, 그림이나 이름표로 오조봇에 자기 캐릭터를 부여해서 경기나 게임을 하고, 여러 가지 활동을 해본 다음 각자 창의성을 발휘하여 산출물 만들기로 나아가도록 수업을 계획하였습니다. 4학년과 수업을 하였을 때 선 따라가기로 미션 수행하기와 팀별 게임 활동을 하였는데, 교구를 더 다양하게 활용하지 못한 아쉬움이 컸습니다. 2020년 이후로는 코로나19 상황으로 개인별 창의체험활동을 진행하였습니다.

프로젝트 수업을 시작할 때는 교과와 관련하여 수업 주제와 목표를 아이들과 함께 의논하면서 정하고, 학습의 흐름과 내용을 구체적으로 안내합니다. 학생들이 스스로 해야 할 것을 서로 약속하여 교사 혼자서 준비하고 이끌어가는 수업이 아니라 함께 만들어가는 수업임을 인지시키면서 학생들이 자기 학습에 책임감을 갖도록 하는 것이 중요합니다. 저학년의 경우라도 프로젝트 학습장이나 러닝 로그를 활용하여 자신들의 배움 과정에 대해 성찰함으로써 학생들이 성장해 나갈 수 있도록 돕습니다. 평가 기준과 평가 방법도 명확히 안내하고 학생들의 산출물이 공개된다는 사실도 인지시킵니다. 자기 작품이 공개된다는 것을 알 때 학생들이 더 열심히 참여하고 산출물의 완성도를 높이고자 노력하기 때문입니다. 산출물의 공개는 성과보고회나 학급 학예회, 학부모 공개수업일에 교실에 전시하거나 학급밴드에 작품을 올림으로써 부모님들이 작품을 감상하고 댓글이나 이모티콘으로 칭찬과 격려를 주고받는 방식을 사용하였습니다.

✪ 프로젝트 개요

프로젝트 주제	오조봇을 활용하여 보드게임을 만들어보자.		
프로젝트 목표	오조봇을 활용한 미션 활동으로 절차적 사고를 통한 문제 해결 경험을 갖도록 한다. 오조봇은 스티커를 활용한 간단한 코딩이 가능하여 아이들이 쉽게 프로그래밍을 접할 수 있으며 '오조 블록클리' 라는 온라인사이트를 활용하여 블록코딩도 할 수 있으므로 코딩을 어려워하거나 처음 접하는 학생들의 활동으로 적합하다. 검은 선을 따라가다 교차로를 만나면 무작위로 경로를 선택하는 특성을 이용하여 아이들이 원하는 다양한 보드게임을 만들어보도록 한다. 학생들의 특성이나 학년에 따라 오조봇 Bit 2.0 혹은 오조봇 Evo 3.0를 활용하여 활동을 계획할 수 있다.		
대상 학년	3~4학년	프로젝트 유형	디자인 챌린지
산출물 형태	재미있는 보드게임 만들기		

✪ 교과 및 성취기준

교과	성취기준
창체	창의주제활동/SW동아리 활동: 오조봇을 활용하여 보드게임 만들기
미술	[4미01-02] 주변 대상을 탐색하여 자신의 느낌과 생각을 다양한 방법으로 나타낼 수 있다.
성취기준 재구성	[활동 주제] 나만의 오조월드-세상에 하나뿐인 게임보드- [성취기준] 다양한 발상으로 보드게임을 구안하여 만들고 놀이를 즐길 수 있다.
2015개정 핵심역량	자기관리, 지식정보처리, 창의적 사고, 심미적 감성, 의사소통, 공동체 역량
일반화 지식	결과를 예측할 수 없는 불확실성(uncertainty)은 스토리를 흥미진진하게 이끌어가는 중요한 요소가 된다.

✪ 프로젝트 수업 흐름

이 프로젝트는 학급에서 즐겁게 활용할 수 있는 게임을 개발해보자는 취지에서 학급특색활동으로 계획하였습니다. 학급 규칙을 지키지 않았을 때 패널티 주기, 보상 주기, 발표순서 정하기 등 학급 운영에서 무작위로, 하지만 공정하게 무언가를 결정할 때 사용할 수 있는 게임을 제작하기 좋고 쉬는 시간이나 점심시간에 친구들과 놀 수 있는 게임을 개발해보는 것도 좋은 활동입니다. 오조봇 사이트[1]에는 사용 방법과 특징을 설명해주는 동영상과 매뉴얼이 제공되고 있으므로 수업에서 유용하게 사용할 수 있습니다. <초등컴퓨팅교사협회[2]>나 오조봇 자료 공유사이트 <클레버메이트[3]>에도 다양한 활용 아이디어 영상과 활동지를 소개하고 있으므로 수업 구상에 많은 도움을 받을 수 있습니다.

오조봇 프로젝트

---

1) http://ozobot.kr (스마트 코딩 로봇 오조봇)
2) http://www.hicomputing.org (초등컴퓨팅교사협회 -소프트웨어교육을 실천하는 선생님들의 모임)
3) http://clevermate.kr (코딩교육 콘텐츠 및 자료 제공 서비스 클레버메이트)

✪ 프로젝트 차시 계획

순서	활동 내용	시수
1	[창체] 오조봇 알아보기: 오조봇의 특징과 기본사용 방법 알아보기	1
2	[창체] 오조코드를 활용하기: 오조코드를 활용하여 미션 해결하고 다양한 놀이 활동하기	2
3	[창체] 오조 블록클리(http://ozoblockly.com)에 접속하기: 오조 블록클리 사용하여 프로그래밍하기	1
4	[미술] 오조봇을 활용한 창의융합 미술활동하기: 오조코드나 블록클리를 활용하여 창의미술 활동하기	2
5	[창체] 오조봇을 활용한 다양한 게임 체험하기: 길 찾기형, 표적 맞추기형, 밀어내기형 게임	1
6	[창체] 오조봇을 활용하여 개인정보 보호게임 하기: 개인정보보호 게임 보드 만들고 놀이하기	1
7	[창체] 오조봇을 활용한 게임 계획하기	2
8	[창체] 오조봇을 활용하여 게임 만들기: 모둠이 협동하여 게임 제작하고 사용설명서 만들기	2
9	[창체] 모둠별로 만든 게임 발표회하기	1
10	[창체] 모둠별로 만든 게임 시연회를 갖고 서로 평가하기	1

[오조봇 참고 자료]
• https://blog.naver.com/dulcinea012/222060785379
• https://blog.naver.com/dulcinea012- 프로젝트 수업자료- 2. 오조봇
• QR코드로 http://clevermate.kr에 접속하는 경우 로그인이 필요합니다.

✪ 평가 계획

단계	수행 기준			
계획	• 자신의 생각과 경험을 토대로 주제를 생성할 수 있는가? • 창의적인 방법으로 자신이 생각한 주제를 나타낼 수 있는가?			
	도달도		**피드백**	**재도전 결과**
	도달 （　　）	미도달 （　　）		
성장 과정	• 팀 내에서 자신의 역할에 대한 책임을 다 하는가? • 팀원과 협력하여 게임 만들기에 잘 참여하는가?			
	도달도		**피드백**	**재도전 결과**
	도달 （　　）	미도달 （　　）		
	도달 （　　）	미도달 （　　）		
최종 산출물	• 팀원과 함께 끝까지 노력하여 결과물을 완성하였는가? • 아이디어 주고받기를 통해 결과물을 창의적으로 발전시킬 수 있었는가?			
	도달도		**피드백**	**재도전 결과**
	도달 （　　）	미도달 （　　）		
공유 및 성찰	• 자신과 친구들의 학습 과정에 대한 피드백을 생성하는가? • 프로젝트의 전 과정에서 자신의 생각을 발전시키거나 새로운 아이디어를 생성할 수 있는가?			
	도달도		**피드백**	**재도전 결과**
	도달 （　　）	미도달 （　　）		
평가방법	포트폴리오, 러닝로그를 활용한 지필평가, 상호관찰평가, 자기평가			

오조봇의 사용법을 알아봅시다. (출처 : (주)마르시스에듀)

✖ 오조봇 기능과 작동 방법 알아보기

- •오조봇의 구조를 알아봅시다.
- •오조봇의 기본 사용법을 알아봅시다.
- : 전원버튼으로 켜고 끄기, 영점조절하기, 라인 감지 조건

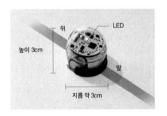 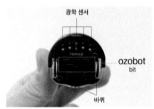 

- 전원 버튼: 오조봇의 전원을 켜고 끈다.
- LED 전구: 다양한 색의 빛을 낸다.
- 광학 센서: 선과 색을 인식한다.
- 바퀴: 내부 모터를 이용해 바퀴를 움직인다.

✖ 라인트레이서란?

: 바닥에 그려진 선을 광학 센서로 인식하여 선을 따라 움직이는 로봇

<오조봇의 특징[4] 이해하기 (1)>

- 오조봇은 검은 선을 따라 움직이고 흰색을 만나면 멈춥니다.
- 오조봇은 색깔을 인식하므로 색깔의 조합으로 명령할 수 있습니다.
- 교차로를 만나면 무작위로 방향을 선택합니다.

---

4) http://ozobot.kr/bit20Detail.html

✖ 오조봇 영점 조절 방법 알아보기

<오조봇의 특징 이해하기(2)>

• 오조봇은 빛의 밝기에 매우 민감합니다. 광학 센서가 빛의 밝기에 따라 선과 색을 다르게 인식할 수 있으므로 사용 환경이 바뀔 때마다 영점 조절을 해주어야 합니다.

① LED가 하얀색으로 깜빡일 때까지 전원 버튼을 2~3초 이상 눌러 준다.
② 전원 버튼에서 손을 떼고 검은색 원 가운데에 올려 준다.
③ 오조봇이 초록 불빛을 내면 영점 조절이 완료된 것이다.
④ 오조봇이 빨간 불빛을 내면 영점 조절이 실패한 것이므로 처음부터 다시 영점 조절해야 한다.

✖ 오조봇이 갈 수 있는 길에 대해 알아보기

• 오조봇은 6㎜ 정도의 너비를 가진 선의 경로를 파악합니다.
• 크레파스나 매직을 사용하여 그리되 적절한 너비를 갖추도록 합니다.
• 너무 가늘거나 두꺼운 경우, 선의 굵기가 불규칙할 경우 인식이 어려울 수 있습니다.
• 선과 선 사이가 너무 가까우면 경로 찾기에 혼란을 겪을 수 있습니다.
• 교차로나 꺾은선을 구성할 경우 경로를 인식할 수 있도록 각도가 충분해야 합니다.

✖ 오조봇 앱 보정방법 알아보기

- •iPad 사용자: Ozobot Bit, 안드로이드 사용자: ozobot bit groove
- •앱을 사용할 때 화면 밝기를 최대로 합니다. 9인치 이상 패드에서 정상 작동합니다.
- •컬러코드를 인식하지 못할 때: OZOBOT TUNEUP→CALIBRATE SENSORE→영점조절 진행→활동지에서 영점조절
- •직진 시 한쪽으로 휘는 경우: OZOBOT TUNEUP→CALIBRATE SENSORE→영점조절 진행→TUNE MOTORS
- •잘 되지 않을 때 리셋 후 다시 과정을 진행
- •리셋하기: 영점조절 판 위에 올려두고 RESET 버튼→오조봇 전원 ON→ START

https://youtu.be/rdqmVdbVhpY

✖ 오조봇 작동시켜보고 특징 찾기

- •<오조봇과 함께하는 코딩> 교육자료[5]를 활용하면 좋습니다.
- •오조봇이 검은 선과 색깔 선을 따라가게 해보고 특징을 서로 이야기합니다.
- •오조봇이 길을 가다 교차로를 만나게 해보고 특징을 이야기합니다.

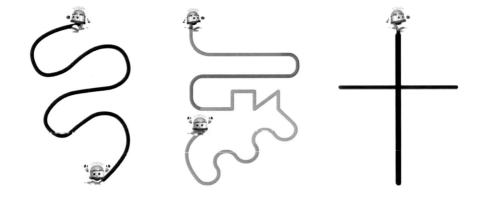

---

5)　https://clevermate.kr/contents/view.html?bSeq=180

✘ 오조봇이 다니는 길 만들어 주기

- 오조봇이 다닐 수 있는 길을 직접 그려서 오조봇을 작동시켜 봅니다.
- 클레버메이트가 제공하는 <오조봇과 함께하는 코딩> 자료를 예시로 제공하여 학생들이 창의적인 놀이를 구성해보게 하는 것도 좋습니다.

 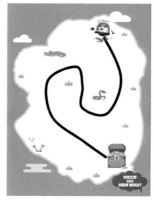 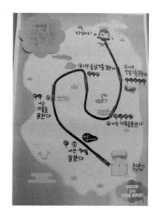

└ **game** 님·좀·짱 다섯 고개

- 학생들에게 자신이 잘하는 것 5가지를 각자 포스트잇에 적게 하여 다섯 고개 형식으로 게임판을 만들고 뒷면에 자기이름(정답)을 적습니다.
- 학급 모두의 게임판을 섞어 오조봇으로 게임을 하면서 누구인지 맞혀 보게 합니다.
- 오조봇으로 길을 따라 가면서 1, 2, 3, 4, 5, 각 단계마다 자신이 생각한 친구의 이름을 적습니다. (처음부터 끝까지 같은 친구를 답할 수도 있고 중간에 바뀔 수도 있습니다.)
- 마지막 고개에서 대답한 후 정답을 확인합니다.
- 보상은 게임판을 만든 사람이 정합니다.
  - 예) 1단계에서 맞히면 사탕 5개→2단계 4개→3단계 3개→4단계 2개→ 5단계 1개

✖ 오조봇과 함께 여행계획 세우기

- 방학이나 휴가에 가족여행, 문화재 기행 등 싶은 곳을 정하여 여행경로를 만들어 봅시다.
- 오조봇으로 여행을 다녀옵시다.

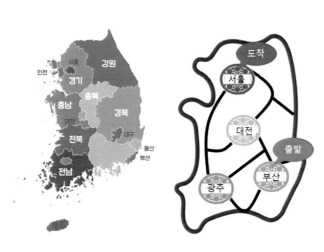 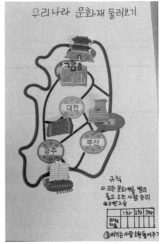

ꞬꞬ**game** 우리 문화재 둘러보기

- 도착점과 출발점을 정합니다.
- 정해진 시간에 더 많은 문화재를 둘러본 오조봇이 승리입니다.
- 모든 문화재를 거쳐 온 시간이 가장 짧은 오조봇이 승리합니다.

2 오조코드를 활용하여 미션 해결하기

![로봇 아이콘] **오조코드**[6]**로 오조봇을 코딩하는 방법을 알아봅시다.** (출처 : (주)마르시스에듀)

✖ 오조코드란?

• 오조봇이 특정한 움직임을 할 수 있도록 색상을 조합하여 만든 명령어로 코드를 구성하는 색과 그 순서의 조합에 따라 서로 다른 명령어가 됩니다.

<오조봇 프로그래밍 방법[7] 알아보기>

• 오조봇은 오조코드(컬러코드)를 이용하여 명령할 수 있습니다.
• 오조봇은 오조 블록클리[8]를 이용하여 직접 프로그램을 짤 수 있습니다.

✖ 오조 코드를 사용하여 코딩하는 방법 알아보기

• 오조코드는 스티커 형태로 판매되고 있으므로 구입하여 사용할 수 있습니다.
• 라벨지를 활용하여 학생들이 직접 빈칸에 색칠해서 명령어를 만들 수 있습니다.

---

6) http://ozobot.kr/Ozocodes.pdf
7) http://ozobot.kr/bit20Detail.html
8) 구글에서 개발한 웹과 모바일 기반의 블록형 프로그래밍 언어

✖ 오조코드 사용시 주의사항을 알아보기

· 검은색 선 위에서만 오조코드를 사용할 수 있습니다.

· 오조코드를 연속해서 사용할 수 없습니다. (오조코드 간의 거리는 최소 4cm 이상 확보)

· 교차로 위에는 오조코드를 사용할 수 없습니다.

· 오조코드는 검은 선과 일치되는 방향으로 붙여야 합니다.

✖ 오조코드 스티커를 사용하거나 직접 색칠하여 다양한 미션 해결하기

· 오조브레인퍼즐을 활용하여 다양한 미션 해결하기

　-오조브레인퍼즐은 필요한 오조코드를 붙여서 미션을 해결하는 데 유용한 활
　　동지입니다.

　-클레버메이트에서 로그인을 하면 오조브레인퍼즐을 사용하실 수 있습니다.

　-쉬운 미션부터 시작하여 조금식 난이도를 올려가며 미션을 진행합니다.

　-난이도를 상, 중, 하로 나누어놓고 학생들이 단계를 올라가며 선택하게 합니다.

-도착 지점에 보물상자 이미지를 그려 넣고 미션성공 시 쿠폰이나 보상을 주어도 좋습니다.

-아래 브레인 퍼즐은 구버전이며 현재 새롭고 다양한 퍼즐이 업그레이드 되어 있습니다.

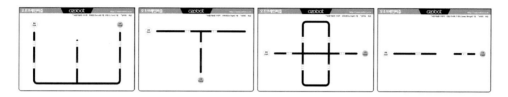

참고자료: https://clevermate.kr/board/subList.html?csType=1&csSeq=4

🤖 오조코드를 사용하여 다양한 놀이 활동을 해 봅시다. (출처 : 클레버메이트)

✕ 오조코드 스티커를 사용하거나 직접 색칠하여 게임하기

- 다양한 자료를 활용하여 오조봇을 이용한 게임 활동을 해 봅시다.

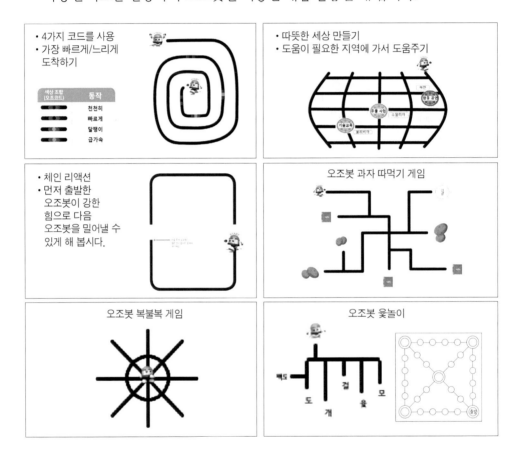

3 **오조블록클리에 접속하여 프로그래밍하기**

 오조블록클리 사이트를 이용하여 오조봇을 코딩하는 방법을 알아봅시다.

✖ '오조블록클리' 사이트에 접속하기

· 크롬을 실행하여 '오조블록클리'를 검색하거나 주소창에 'https://ozoblockly.
   com/'를 입력합니다.

· 시작 버튼을 클릭하여 프로그래밍 화면으로 들어갑니다.

✖ 언어 설정하기

· 오른쪽 설정 버튼을
   클릭하여 한국어로
   바꿉니다.

✖ 코딩하기

- 로봇을 <bit>로 설정하고 왼쪽 블록을 사용하여 명령어를 코딩합니다.
- 코딩이 끝나면 왼쪽 아래 <프로그래밍 로딩>을 클릭합니다.

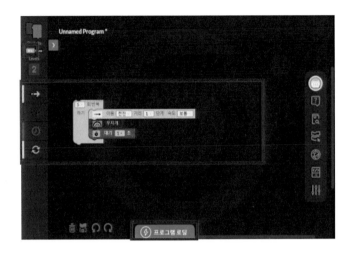

✖ 명령어 코드를 오조봇에 다운로드하기

- 오조봇의 시작버튼을 길게 눌러 흰색 LED가 깜박이는 것을 확인합니다.
- 왼쪽 둥근 모양 로딩화면에 오조봇 밑면을 갖다 대어 초록색 LED가 깜박이면 준비완료입니다.
- 오른쪽 오조봇 모양 로딩화면에 오조봇 밑면을 갖다 대고 <Bit 실행>을 클릭합니다.
- 초록색 LED가 깜박이면 프로그램 다운로드 완료입니다.

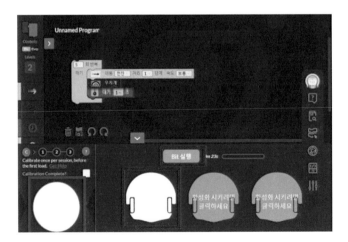

✖ 프로그램 실행하기

• 오조봇의 왼쪽 버튼을 2번 연속으로 빠르게 누르면 다운로드한 프로그램이 작동됩니다.

영점 조절하기

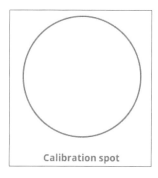

Calibration spot

• 모니터의 밝기를 최대로 합니다.
• 오조봇의 전원버튼을 2초간 꾹 누릅니다. 오조봇이 하얀색 불빛을 깜박입니다.
• 버튼에서 손을 뗀 후, Calibration spot에 오조봇을 갖다 댑니다.
• 영점 조절 성공하면 오조봇이 초록색 불빛을 깜빡입니다. 빨간 불빛을 낸다면 다시 해보세요.

프로그램 업로드하기

• 영점 조절 과정을 마친 후 업로드 영역에 오조봇을 갖다 대고 <Bit실행> 버튼을 클릭합니다.
• 업로드가 성공하면 오조봇이 초록색 불빛을 깜빡입니다. 빨간 불빛을 낸다면 다시 진행해야 합니다.
• 오조봇 전원 버튼을 연달아 두 번 클릭하면 업로드 된 프로그램이 실행됩니다.

• 참고자료: https://youtu.be/eXKWbwhiDVQ

✖ 오조블록클리로 프로그래밍 해 보기

• 오조블록클리로 간단한 프로그램을 만들어 실행시켜 봅시다.

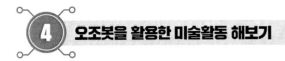

4 오조봇을 활용한 미술활동 해보기

🤖 오조봇을 활용한 미술작품을 만들어 봅시다.

☒ 다양한 예시 작품 감상하기

• 클래버메이트의 <교육자료>에 공유되어 있는 다양한 창의활동 작품을 감상해 봅니다.

• 학생들이 만들고 싶어하는 작품을 이야기하고 아이디어를 공유해 봅니다.

• 자신이 소개하고 싶은 책의 한 장면을 나타내기와 같은 독후활동을 진행해도 좋습니다.

• 참고자료: https://clevermate.kr/board/subList.html?csType=1&csSeq=10

학생 개인 작품

5 오조봇을 활용한 다양한 게임활동 해보기

오조봇을 활용한 보드 게임을 해 봅시다. (출처 : 클레버메이트 교육자료)

✖ 길찾기&획득형 게임하기

- 오조봇이 가는 경로를 정해놓고 들르는 곳마다 카드를 얻는 게임을 진행해 봅시다. 사회과 우리 마을 지도 그리기 혹은 지도 읽기 활동과 융합하여도 좋습니다.
- 미로를 자유롭게 구성하여 술래잡기를 하거나 제한 시간에 많은 장소 다녀오기, 카드 얻기 등 다양한 규칙을 정해보게 하여 게임 활동을 해 봅니다.
- 직접 보드를 구성하면 좋겠지만 여건에 따라 기존 자료(보드판)를 재구성하여 사용합니다.

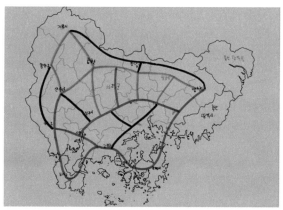

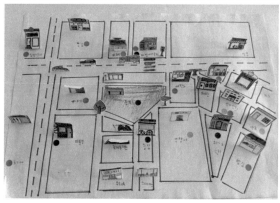

오조봇을 활용한 보드 게임을 해 봅시다. (출처 : 클레버메이트 교육자료)

└ **game** 표적 맞추기형, 밀어내기형 게임하기

볼링, 컬링, 알까기 등의 게임을 해 봅시다.

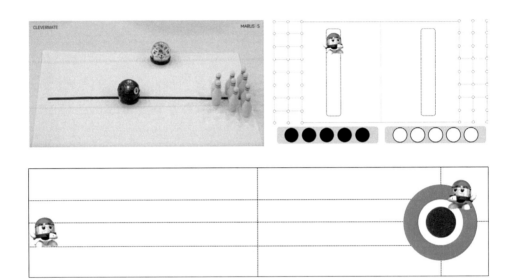

6 오조봇으로 개인정보 보호 게임 하기

오조봇을 활용하여 개인정보 보호 게임을 만들어 봅시다. (출처 : (주)마르시스에듀)

✖ 개인정보 보호에 대해 알아봅시다.

개인정보란?	• 생존하는 개인에 관한 정보 • 특정한 개인을 알아볼 수 있는 부호, 문자, 음성, 영상 등의 정보 • 한 사람의 모든 것을 판단할 수 있는 중요한 정보
개인정보의 종류	• 인적 정보 : 성명, 주민등록번호, 주소, 연락처, 가족관계 등 • 신체적 정보 : 얼굴, 지문, 음성, 유전자 정보, 키, 진료 기록, 건강 상태 등 • 정신적 정보 : 도서 및 비디오 등 대여 기록, 물품 구매 내역, 웹 사이트 검색 내역, 사상, 신조, 종교, 가치관 등 • 사회적 정보 : 학력, 성적, 출석 상황, 자격증, 생활기록부 등 교육 정보, 전과 범죄 기록, 과태료 납부 내역 등 법적 정보, 병역 정보, 직장, 근무처 등 근로 정보 • 재산적 정보 : 소득, 계좌 번호, 신용카드 번호, 저축 내역, 신용정보 등 • 기타 정보 : 전화 통화 내역, 전화 메시지, 위치 정보 등
인터넷에서 개인정보 지키기	• 비밀번호는 다른 사람이 알지 못하게 만든다. • 비밀번호를 자주 변경한다. • 보낸 사람이 누구인지 정확하지 않은 문자나 메일은 읽지 않고 지운다. • 컴퓨터와 스마트 폰의 바이러스 검사를 자주 하고, 내려 받은 파일은 바이러스 검사 후에 열어 본다. • 알 수 없는 와이파이는 사용하지 않는다. • 공용 컴퓨터를 사용한 후에는 반드시 로그아웃을 한다. • SNS 이용 시 개인정보를 비공개 또는 친구 공개로 설정한다. • 개인정보 침해, 해킹, 바이러스, 불법 스팸은 118로 신고한다.

출처 : 온라인 개인정보보호 포털(https://www.i-privacy.kr)

✗ 개인정보 보호 게임보드 만들기

오조봇을 활용한 개인정보 보호 게임보드를 만들어 봅시다.

① 빈칸에 개인정보 보호를 위해 올바른 행동이나 잘못된 행동을 추가하여 게임
   판을 만듭니다.

② 오조봇이 교차로를 만났을 때 랜덤으로 움직이는 특징을 이용하여 주사위를
   대신할 오조봇 랜덤 주사위판을 준비합니다.

③ 올바른 개인정보 보호 행동이 있는 칸에서는 1칸 전진, 잘못된 행동이 있는 칸
   을 만나면 1칸 후진합니다. (규칙은 학생들이 토의하여 유연하게 바꾸도록 합니다.)

④ 모둠별로 개인정보 보호 게임을 합니다.

✗ 예시자료 참고하여 만들기

• 예시자료를 참고하되 새로운 아이디어를 추가하여 개인정보 보호 게임보드를
  만들어 봅시다.

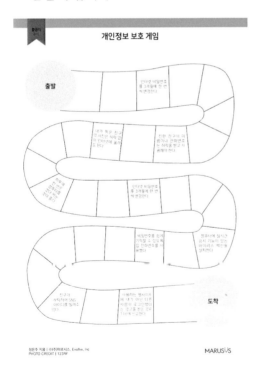

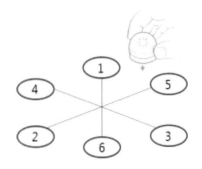

오조봇을 활용한 게임 계획하기

🤖 오조봇을 활용한 게임 만들기를 계획하고 발표해 봅시다.

게임 이름	
개발팀 이름	
역할 분담	
준비물	
게임 규칙	게임 순서나 규칙을 알기 쉽게 설명해 봅시다.
보드의 형태	어떤 모양을 보드를 계획하고 있나요?
이 게임의 좋은 점	이 게임이 어떤 점에서 유익한가요?
친구들의 반응	우리 팀의 개발 계획에 대한 친구들의 생각은 어떠한가요?
더 생각할 점	다른 팀의 발표를 듣고 난 후 달라진 생각이 있다면 적어봅시다.

모둠이 협동하여 게임을 제작하고 사용설명서를 만들어 봅시다.

게임 이름	
참여 인원	
소요 시간	
준비물	
규칙 설명	게임 순서와 규칙
보드 설명	보드 모양 살펴보기
사용시 주의점	공정하고, 안전하고, 즐거운 게임을 위해 주의할 사항
게임을 좀 더 즐길 수 있는 방법	이 게임을 더 재미있게 할 수 있는 방법
게임 변형 방법	규칙을 바꾸어 보기

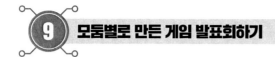

9 모둠별로 만든 게임 발표회하기

🤖 다른 팀들이 만든 게임 발표를 듣고 의견을 나누어 봅시다.

✖ 여러 팀의 산출물에서 새로운 아이디어 발견하기

- 팀별 발표 후 질의응답의 시간을 갖도록 하여 자신의 아이디어를 확장하는 기회를 갖습니다.
- 좋은 점과 아쉬운 점을 함께 생각해보게 하여 학생들의 비판적, 분석적 사고를 돕습니다.
- 다른 팀의 발표 내용에 경청하고 자신의 생각과 비교해 보도록 합니다.

✖ 클라우드 펀딩

- 클라우드 펀딩 활동을 통해 아이디어에 대한 투자금 모으기를 합니다.
- 게임을 실행해 보기 전 모둠별 아이디어만으로 100원~1000원까지 펀딩합니다.
- 펀딩금 100원당 쿠폰 1개와 바꿀 수 있도록 하였습니다.

다른 팀들이 만든 게임을 체험해보고 평가해 봅시다.

팀 이름		제 점수는요	☆☆☆☆☆
게임 이름			
좋은 아이디어			
아쉬운 점			

▰ 많은 사람들이 참여하는 평가

- 학급 안에서만 평가가 이루어지기보다는 평가에 참여하는 사람들이 많은 것이 좋습니다.
- 많은 사람들의 반응을 얻을수록 작품에 대한 평가가 공정하다고 느낍니다.
- 심사자를 학생들이 정할 경우 득점에 유리한 상대를 고르는 경우가 있으므로 교사가 정합니다.

▰ 일정 기간 동안 결과물 전시하기

- 가장 많은 별을 모은 팀에게는 적절한 보상을 제공하여 학생들이 재미를 느끼도록 합니다.
- 시연회와 발표회로 끝나는 것이 아니라 일정 기간 동안 학생들의 작품을 전시하거나 온라인에 게시하여 작품에 대한 자긍심을 충분히 느끼도록 합니다.

🤖 게임 만들기 활동의 전 과정과 결과를 돌이켜보고 평가해 봅시다.

✖ 평가의 의미

- 학생들의 성장을 확인하고 잠재력을 발현시켜나가기 위한 것입니다.
- 지식·기능·가치·태도에 대해 총체적으로 평가하여 전면적인 발달을 돕습니다.
- 교육과정-수업-평가의 일체화를 지향하며 교사-학생의 동반성장을 목표로 합니다.

✖ 러닝로그

- 프로젝트 학습장(러닝로그)를 활용하여 자신의 학습 과정에 대한 성찰을 돕습니다.
- 학생들의 러닝로그를 교사의 관찰과 함께 평가 자료로 활용합니다.
- 참고자료: https://blog.naver.com/dulcinea012/222060785379

✖ 자기·상호 평가지

- 평가 준거별로 우리팀 동료평가(회색 칸)와 자기평가(흰색 칸)를 구분하여 기록합니다.
- 자신의 주관적 평가와 친구들의 객관적 평가를 비교해볼 수 있습니다.
- 평가 결과를 수량화하지 않고 앞으로의 활동 개선을 위한 자료로 활용하도록 합니다.

평가요소	평가 준거		
	상	중	하
참여와 태도	프로젝트 전 과정에 적극적으로 참여하고 자신의 역할을 열심히 하였다.	프로젝트 과정에 빠짐 없이 참여하였으나 역할 수행에서 노력이 다소 부족했다.	프로젝트 활동에 소극적으로 참여하고 제 역할을 하지 못했다.
흥미와 관심	오조봇을 활용한 게임활동에 흥미를 느끼고 즐겁게 참여하였다.	오조봇을 활용한 게임활동에 참여하였으나 최선을 다하지는 않았다.	오조봇을 활용한 게임활동에 흥미를 느끼지 못했으며 즐겁지 않았다.
산출물 제작	모둠원과 협력하여 오조봇을 활용한 창의적인 게임을 계획하고 완성하였다.	오조봇을 활용한 보드 게임을 계획하였으나 완성도가 다소 미흡하다.	계획에서 완성까지 협력과 노력이 다소 부족하여 보드게임을 완성하지 못했다.
경청과 평가	다른 팀의 발표를 귀 기울여 듣고 게임의 장단점을 생각할 수 있었다.	다른 팀의 발표를 들었으나 특별한 점을 찾을 수 없었다.	다른 팀의 발표 내용에 귀 기울여 듣지 못했다.
새로운 아이디어	프로젝트 활동의 전과정에서 아이디어를 지속적으로 새롭게 발전시켰다.	새로운 아이디어를 생성하기보다는 처음 계획에서 크게 벗어나지 않았다.	프로젝트 활동의 과정에서 특별한 아이디어를 생성할 수 없었다.
프로젝트 탐구를 통해 성장한 것			
우리팀 벌점			
선생님 총평			

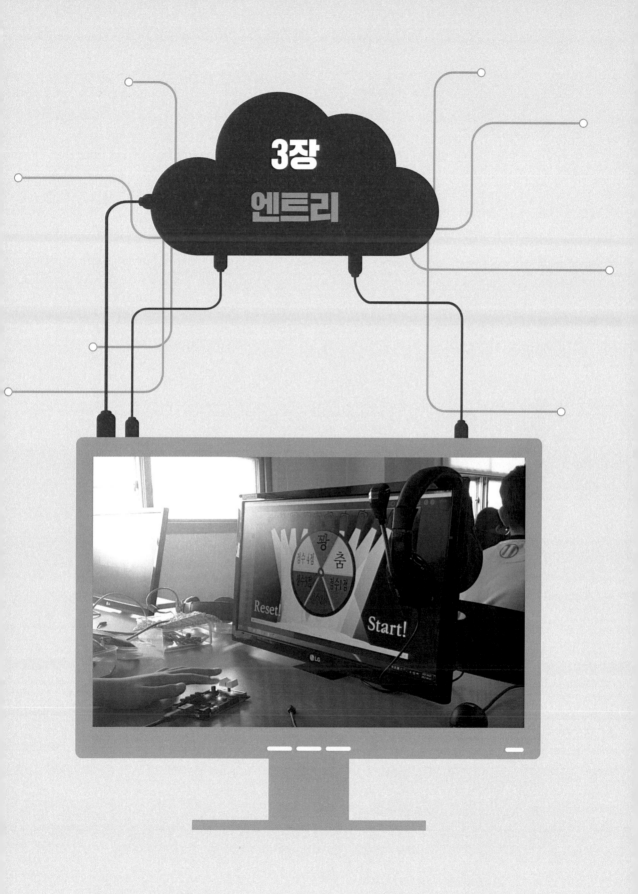

3장

엔트리

네이버와 커넥트재단의 후원으로 운영되는 엔트리교육연구소는 다양한 교육자료를 제공하는 국내 최고의 소프트웨어교육 플랫폼입니다. 클라우드 기반의 학급 운영과 자료 공유, 공동창작을 가능하게 하고 다양한 피지컬 교구와 연동되는 막강한 확장성을 기반으로 블록 기반 프로그래밍 언어 교육의 교과서가 되고 있으며, 파이썬 코드도 제공하여 텍스트형 프로그래밍 언어 학습에도 도움을 줍니다. 엔트리 프로그램은 어떤 컴퓨팅 교구와도 유연하게 결합되기 때문에 시수를 확보하여 프로그래밍 경험을 충분히 제공하는 것이 좋습니다.

많은 선생님께서 엔트리를 활용할 때 자료의 입출력, 순차, 반복, 선택 구조를 활용한 프로그래밍 활동으로 수업을 설계하십니다. 이때 학생들이 가장 먼저 체험해야 할 것은 엔트리 블록들이 '순서대로' 실행된다는 것, '순차'를 경험하는 것입니다. <움직임> 블록꾸러미의 '이동하기'와 '움직이기' 블록을 활용하면 순차적 실행을 보여주기 쉬운데, 이때 프로그램은 블록 순서대로 실행되지만 그 속도가 너무 빠르다보니 동작이 순식간에 완료되어 학생들이 순차를 인지하기 어렵습니다. 따라서 <흐름> 블록꾸러미에 있는 '기다리기' 블록을 각각의 블록 사이에 끼워 넣어 하나하나의 동작이 수행될 때마다 순서를 눈으로 확인할 수 있도록 하는 것이 좋습니다. '기다리기'는 하나의 동작을 수행한 후 다음 동작으로 넘어가는 시간을 지연시키는 것이므로 동작 순서를 구분지어 확인하기에 유용합니다.

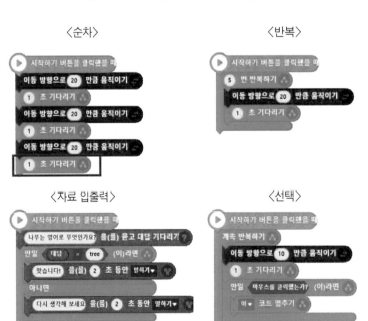

〈순차〉 〈반복〉

〈자료 입출력〉 〈선택〉

학교 여건상 프로그래밍 활동이 어렵다면 학생들이 만들고 싶은 프로그램, 혹은 미래사회에 출현할 수 있는 새로운 프로그램을 설계해보는 활동으로 대체할 수 있습니다. 컴퓨터나 피지컬 교구 등 컴퓨팅 도구를 사용하지 않고 하는 활동을 '언플러그드'라고 하는데, 자세한 내용은 4장에 소개하였습니다. 엔트리를 사용하여 프로그래밍을 할 때 타임라인 활동지를 사용하면 객체들의 동작순서를 이해하기 쉽습니다.

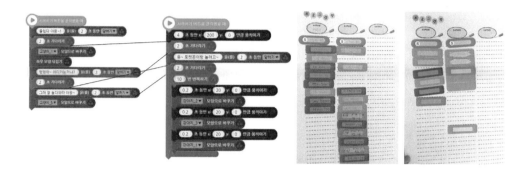

앞으로 소개하는 프로젝트 학습의 단위 차시에서 활동한 자료들은 모두 내려받기하여 사용하실 수 있습니다. 다만 2019년 이전의 엔트리 구버전에서 작성된 프로그램 파일은 오프라인 버전에서는 열리지 않습니다. 이 경우 엔트리 사이트에 로그인하여 '작품 만들기'로 가서 '파일', '온라인 작품 불러오기'를 하여 구버전에서 작성한 파일을 읽어 들인 다음 그 파일을 다시 저장해서 사용하면 됩니다.

스마트 세대인 우리 학생들인지라 대부분이 컴퓨터 활용을 좋아하고 무척 능숙할 것 같지만 실제 수업을 해보면 꼭 그렇지는 않습니다. 컴퓨터를 좋아하고 자주 접하는 아이들이 있는 반면 기계나 컴퓨터를 싫어하는 학생들도 있어서 오히려 다른 교과에서보다 학생 간의 차이가 크게 나타납니다. 어떤 학생은 교사가 안내하는 활동을 무리 없이 따라하고, 교사의 질문에 자기 생각을 대답하며 그러한 이해가 프로그래밍으로 연결되는 반면, 매시간 컴퓨터 켜고 끄기와 로그인을 지도해야 하는 학생도 있습니다. 또 수업 시수가 적기 때문에 이러한 수준 차이가 끝까지 좁혀지지 못하고 프로젝트 활동 기간 동안 지속되기도 합니다. 따라서 교과융합 프로젝트 활동을 할 때 학생 개개인이 자기가 할 수 있는 역할을 맡아 팀에 기여하게 하고, 협력을 통해 산출물을 함께 완성해나가도록 하는 것이 좋습니다. 다양한 능력을 가진 이질집단으로 팀을 구성하기도 하지만, 추구하는 산출물의 방향이 비슷한 학생끼리 팀을 구성하기도 합니다. 디자인챌린지의 경우 완성하고 싶은 산출물이 비슷할 때 가장 좋은 협업을 보이기 때문입니다. 학생 간의 기여도가 다른 경우 팀 안에서 불화가 생기기도 하고 친하지 않은 학생들이 모였을 때 구심점이 없어 협력이 잘 일어나지 않는 경우도 있습니다. 저자의 경우는 학생들의 의견이 모아지는 쪽으로 운영하는 편이고, 간혹 어느 팀에도 끼지 못하는 학생이 있으면 적절한 인센티브를 활용하여 거래(?)를 하기도 하였습니다.

엔트리 아이디와 비밀번호를 잊어버려서 수업 때마다 나오는 학생들도 있는데, 프로젝트 학습장에 자기 아이디와 비번을 기록해두도록 하고 로그인 과정을 몇 차례 연습해오도록 하는 것이 좋습니다. 프로젝트 학습장을 활용하는 경우 학생들의 성장 과정을 평가하기 용이하고 학생 스스로도 자기 학습에 대한 성찰과 평가를 하게 합니다. 이러한 맥락에서 소프트웨어 전담보다 담임교사가 학급 아이들과 긴 호흡으로 지속적인 활동을 하는 것을 추천 드립니다. 소프트웨어 활동의 특성상 40분 단위로 마무리되기 힘든 경우가 많아서 블록시간 운영을 하지 않는다면 시간에 쫓기거나 흐름이 끊기는 등의 문제로 깊이 있는 활동을 하기 어렵고 특히 피지컬 컴퓨팅을 40분 이내에 한다는 것이 초등학생에게는 매우 힘들기 때문입니다. 학생의 힘듦은 수업을 진행하는 교사에게도 똑같은 어려움입니다. 따라서 교사가 학생들의 활동 과정을 살피면서 서로 여유를 갖고 의미 있는 활동을 해나갈 수 있는 수업이 되어야 합니다. 여건이 허락된다면 보조교사 협력수업이나 코티칭으로 이루어지면 더욱 좋습니다.

• 엔트리 참고 자료: https://blog.naver.com/dulcinea012/222039623376

✪ 프로젝트❶ 개요

프로젝트 주제	엔트리 프로그램을 이용하여 시화집을 만들어보자.		
프로젝트 목표	이 프로젝트에서는 학생들이 엔트리 프로그램을 사용하여 시집을 제작하여 발표해 보도록 한다. 비유의 표현을 살려 시를 써보는 활동을 한 후 미술시간에 주제 표현 방법을 정하여 나타내도록 한다. 사진찍기, 클레이, 만들기, 그리기, 젠탱글, 픽셔너리, 타이포셔너리, 캘리그라피 등 어떤 형태로든 주제가 잘 드러나게 하는 방법으로 표현 방식에 제한을 두지 않는다. 학생들의 작품을 촬영하고 이것을 모아서 엔트리로 문집을 만들어 표현하도록 하고 홈페이지 전시를 통해 함께 감상하고 느낌을 나누도 록 한다. 시쓰기 이외에도 학생들의 여행 사진과 기행문을 모은 여행집, 속담집, 사회 이슈와 관련된 논설문, 독후감상과 관련된 작품으로 엮을 수 있다.		
운영 시기	6학년	프로젝트 유형	디자인 챌린지
산출물 형태	엔트리로 모둠별 문집(시화집) 만들기		

✪ 교과 및 성취기준

교과	성취기준
창체	창의주제: 엔트리를 활용하여 시화집 만들기
실과	[6실04-08] 절차적 사고에 의한 문제 해결의 순서를 생각하고 적용한다. [6실04-09] 프로그래밍 도구를 사용하여 기초적인 프로그래밍 과정을 체험한다. [6실04-11] 문제를 해결하는 프로그램을 만드는 과정에서 순차, 선택, 반복 등의 구조를 이해한다.
국어	[6국05-01] 문학은 가치 있는 내용을 언어로 표현하여 아름다움을 느끼게 하는 활동임을 이해하 고 문학 활동을 한다. [6국05-03] 비유적 표현의 특성과 효과를 살려 생각과 느낌을 다양하게 표현한다.
미술	[6미01-04] 이미지를 활용하여 자신의 느낌과 생각을 전달할 수 있다. [6미02-01] 표현 주제를 잘 나타낼 수 있는 다양한 소재를 탐색할 수 있다.
성취기준 재구성	[활동 주제] 시화집 만들기 [성취기준] 비유적 표현의 시에 어울리는 적절한 배경 이미지를 활용하여 엔트리프 로그램으로 시화집을 만든다.
2015개정 핵심역량	자기관리, 창의적 사고, 심미적 감성, 의사소통, 공동체 역량
일반화 지식	기술의 발달은 인류의 생활 양식을 변화시킨다.

이 프로젝트는 만학도 할머니들의 시집 『날 보고 시를 쓰라고』에 착안한 것입니다. 많은 학생들이 시를 쓰는 것에 부담을 느끼고 어떻게 써야할지 막막해하는 경우가 많습니다. 시는 회화성, 음악성, 의미성을 갖는 문학으로 학생들이 떠올리는 심상을 보다 창의적으로 표현하기 위해 엔트리를 활용해 보았습니다. 엔트리 프로그램에는 학생들의 주제를 적절히 나타낼 수 있는 이미지가 없으므로 학생들이 이미지를 생성해야 합니다. 인터넷에서 내려받은 이미지 파일을 사용하거나 포토샵이나 그림판으로 활용하는 학생들도 있습니다. 무분별한 내려받기에 대해서는 저작권 교육이 필요할 것이고, 그림파일을 저장할 때는 확장자명을 .png로 해서 배경이 투명한 그림으로 저장하도록 합니다. 교사가 그림파일 만드는 방법을 안내하거나 적절한 도움을 주는 것도 좋을 것 같습니다. 학생들이 엔트리로 그림이나 삽화를 만드는 것에 부담을 느낀다면 마을 풍경 사진이나 예쁜 벽화 사진, 자신들의 작품사진을 찍어서 시화집의 배경으로 활용하면 좋습니다. 차시 계획은 실과 수업이 앞서 있으나 실제 수업 운영에서는 소프트웨어 단원과 교과 수업을 같은 시기에 병행할 수 있습니다.

✪ 프로젝트❷ 개요

프로젝트 주제	엔트리 프로그램을 이용하여 지구촌 미래 뉴스를 제작해보자.		
프로젝트 목표	이 프로젝트에서는 학생들이 엔트리 프로그램을 사용하여 뉴스를 제작해보도록 한다. 뉴스의 주제를 고려한다면 어떤 교과와도 융합이 가능하다. 뉴스가 갖추어야 할 요건에 대한 이해를 바탕으로, 표현하고자 하는 내용을 효과적으로 전달하기 위해 협력적으로 문제를 해결하는 과정에서 표현의 적절성과 정보의 타당성을 확보할 수 있도록 한다.		
운영 시기	6학년 2학기	프로젝트 유형	디자인 챌린지
산출물 형태	뉴스 만들기		

✪ 교과 및 성취기준

교과	성취기준
실과	[6실04-08] 절차적 사고에 의한 문제 해결의 순서를 생각하고 적용한다. [6실04-09] 프로그래밍 도구를 사용하여 기초적인 프로그래밍 과정을 체험한다. [6실04-11] 문제를 해결하는 프로그램을 만드는 과정에서 순차, 선택, 반복 등의 구조를 이해한다.
국어	[6국01-05] 매체 자료를 활용하여 내용을 효과적으로 발표한다. [6국03-02] 목적이나 주제에 따라 알맞은 내용과 매체를 선정하여 글을 쓴다.
도덕	[6도03-04] 세계화 시대에 인류가 겪고 있는 문제와 그 원인을 토론을 통해 알아보고, 이를 해결하고자 하는 의지를 가지고 실천한다.
사회	[6사08-04] 지구촌의 평화와 발전을 위해 노력하는 다양한 행위 주체(개인, 국가, 국제기구, 비정부 기구 등)의 활동 사례를 조사한다.
성취기준 재구성	[활동 주제] 지구촌 미래뉴스 만들기 [성취기준] 표현의 적절성과 정보의 타당성을 고려하여 지구촌의 문제가 우리가 원하는 모습으로 해결된 미래뉴스를 제작한다.
2015개정 핵심역량	자기관리, 정보처리, 창의적 사고, 심미적 감성, 의사소통, 공동체 역량
일반화 지식	미래사회의 바람직한 변화를 위해서는 지구촌의 인류가 함께 노력해야 한다.

국어 교과에서는 '4단원(효과적으로 발표해요)' 6단원(정보와 표현 판단하기)를 통합 운영하였습니다. 관심 있는 내용으로 뉴스를 만들고 '우리 반 뉴스 제작발표회'를 갖되, 엔트리를 매체로 활용하였습니다. 국어 교과의 '독서 단원'과 연계하여 자신이 읽은 책에서 가장 인상 깊었던 장면을 동화책이나 스토리텔링 형식으로 나타내어도 될 것 같습니다. 영어과의 "Why are you happy?"처럼 감정을 묻고 이유를 답하는 활동도 가능합니다. 영어는 기능 교과이므로 활동 주제와 부합하여 영어로 표현하는 기회를 제공하면 어떤 단원과의 접목도 가능하다고 합니다. 프로젝트 학습 평가는 학생들의 프로젝트 학습장과 산출물 발표를 통한 교사의 관찰평가, 학생들의 상호평가와 자기평가를 통해 과정과 결과를 종합적으로 평가합니다. 교과별 성취기준을 중심으로 해당 프로젝트 학습 목표가 지향하는 바에 맞게 평가 기준을 재구성하면 되겠습니다.

✪ 프로젝트 차시 계획

순서	활동 내용	시수
1	• [실과] 엔트리 회원가입, 엔트리 학급 이용 방법 알기, 오프라인 버전 설치하기	1
2	• [실과] 엔트리 화면 구성요소 알아보기: 메뉴창, 장면창, 오브젝트창, 블록꾸러미창, 블록 조립창 • [실과] 블록꾸러미 알아보기: 시작, 흐름, 움직임, 생김새, 붓, 소리, 판단, 계산, 자료, 함수, 하드웨어	1
3	• [실과] 오브젝트 추가(제거): 라이브러리 선택, 파일업로드, 새로 그리기, 글상자 • [실과] 오브젝트 편집하기: 모양탭 이용하여 모양 추가하기, 오브젝트 편집하기	1
4	• [실과] 움직임 블록 사용하기: 오브젝트 움직임의 방향 시간 제어하기 • [실과] 키보드를 이용하여 오브젝트의 움직임 제어하기	1
5	• [실과] 생김새 블록 사용하기: 모양 보이기/ 숨기기, 모양 바꾸기, 색깔과 크기 바꾸기, 모양 뒤집기 • [실과] 장면 추가하기: 장면 바꾸기	1
6	• [실과] 두 오브젝트 간의 대화기능 사용하기	1
7	• [실과] 두 오브젝트간 신호 전달하기: 속성탭 이용하여 신호 만들기, 두 오브젝트 간 신호 주고받기	1
8	• [실과] 소리 블록 사용하기: 소리탭 이용하여 소리 추가하기 소리 재생하기, 소리 크기 조절하기	1
9	• [실과] 붓 블록 사용하기: 도장 찍기, 그리기, 붓의 색, 굵기, 투명도 조절하기	1
10	• [실과] 복제하기를 사용하여 움직이는 배경 만들기	1
11	• [실과] 데이터 분석 블록을 사용하여 정보 활용하기	1
12	• [실과] 인공지능 블록을 사용하여 지구촌 소식 전하기	1
13	• [사회] 다양한 지구촌 문제 알아보기: 지구촌에서 나타나는 다양한 문제와 문제를 해결하기 위한 노력 조사하기	2
14	• [창체/과학] 에너지와 우리의 생활 : 에너지를 효율적으로 이용하는 방법과 에너지의 이용실태 취재하기	2
15	• [도덕] 우리가 만드는 도덕수업: 좋은 미래를 위해 우리가 변화시켜나갈 수 있는 것	4
16	• [국어] 관심 있는 내용으로 뉴스 원고쓰기	2
17	• [국어] 발표 상황에 맞는 자료 만들기 방법을 알고 효과적인 자료 만들기: 엔트리 프로그램을 사용하여 뉴스 제작하기	2
18	• [국어] 우리 반 뉴스발표회 갖기	2

✪ 평가 계획

단계	수행 기준			
계획	•지구촌 문제의 원인을 알고 해결 방안을 탐색할 수 있는가? •지구촌 문제가 해결된 세상의 모습을 주제로 나타낼 수 있는가?			
	도달도		**피드백**	**재도전 결과**
	도달( )	미도달( )		
성장 과정	•팀원들과 의견을 잘 조율하며 뉴스 만들기에 참여하는가? •문제해결 과정에서 어려움을 겪은 부분에 대해 적절한 조언과 도움을 구하는가? •팀 내에서 자신이 맡은 역할에 대해 책임을 다 하는가? •지구촌의 문제와 갈등을 평화적으로 해결하려는 의지를 지녔는가?			
	도달도		**피드백**	**재도전 결과**
	도달( )	미도달( )		
	도달( )	미도달( )		
최종 산출물	•팀원과 함께 끝까지 노력하여 공동의 결과물을 완성하였는가? •토의 과정을 거쳐 결과물을 창의적으로 발전시킬 수 있었는가? •프로그램을 만드는 과정에서 순차, 선택, 반복 등의 구조를 이해하여 사용하였는가? •뉴스의 특성을 살려 내용을 적절하고 타당성 있게 구성하였는가?			
	도달도		**피드백**	**재도전 결과**
	도달( )	미도달( )		
공유 및 성찰	•자신과 친구들의 학습 과정에 대한 피드백을 생성하는가? •프로젝트의 전 과정에서 자신의 생각을 발전시키거나 새로운 아이디어를 생성할 수 있는가? •지구촌 인류의 문제에 대해 세계시민으로서의 책임감을 갖게 되었는가?			
	도달도		**피드백**	**재도전 결과**
	도달( )	미도달( )		
평가 방법	•포트폴리오, 러닝로그를 활용한 지필평가, 상호관찰평가, 자기평가			

엔트리 참고 자료: https://blog.naver.com/dulcinea012/222039623376

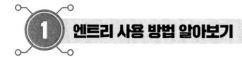

엔트리 사용방법을 알아봅시다.

✖ 인터넷 검색창에 '엔트리'를 입력하여 사이트 검색하기

✖ 엔트리 사이트에 접속하여 회원가입하기

• 사이트에 접속하여 회원가입을 클릭합니다.

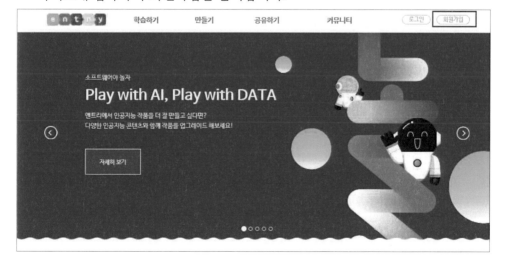

• 학생/선생님을 선택하고 이용약관에 동의, 아이디/비번을 입력하고 확인합니다.

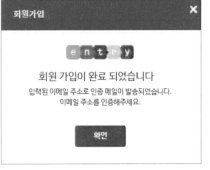

• 작품을 공유하고 싶은 학년/성별/이메일을 입력하여 (선택 사항) 회원가입을 완료합니다.

🤖 엔트리 학급을 만들어 봅시다. (교사용)

✖ 엔트리 학급 개설하기

• 메뉴 바에 마우스를 가져가면 하위메뉴가 나타납니다. <나의 학급>을 클릭합니다.

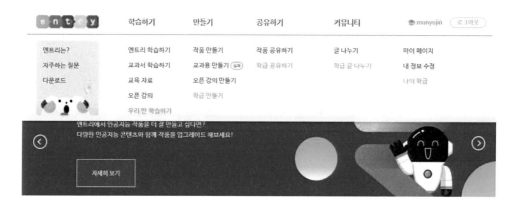

• <학급 만들기>를 클릭한 후 학급정보를 입력합니다.

✖ 학생 가입시키기

• <학생 관리>를 클릭한 후 <학생 추가> 혹은 <학생 초대> 중 방법을 선택합니다.

• <학생 추가>를 클릭하여 다음과 같은 절차에 따릅니다.

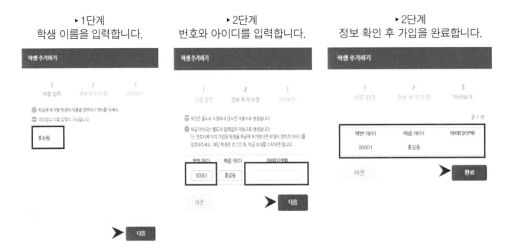

▸1단계
학생 이름을 입력합니다.

▸2단계
번호와 아이디를 입력합니다.

▸2단계
정보 확인 후 가입을 완료합니다.

- 모든 학생들을 추가하기 한 후 <학급계정 PDF로 내려받기>를 하면 학생들의 비번이 자동생성된 자료를 다운받을 수 있습니다.
- 학생들이 비번을 잃어버렸을 경우 <임시비밀번호 발급>을 클릭하면 비번이 갱신됩니다.
- 발급된 아이디와 비밀번호로 학급에 접속하도록 안내합니다.

- <학급계정 PDF로 내려 받기>로 개인별 로그인 자료를 출력 배부하여 사용하면 편리합니다.

• <학생 초대>을 클릭하여 <학급코드>와 <학급URL>을 생성합니다.

• <학급코드로 초대하기> 혹은 <학급 URL로 초대하기> 모두 가능합니다.
   –<학급코드로 초대하기>는 '코드사용 만료시간'을 안내합니다.
   로그인 하기→ 메뉴바에서 <나의 학급>클릭→<학급코드입력하기>→자신의
   이름을 입력하여 접속
   –<학급 URL로 초대하기>는 코드입력 대신 학급주소를 입력하여 접속하는 방
   법입니다.
• 로그인 하기 – 주소창에 학급 URL 입력하기 – 자신의 이름을 입력하여 접속

🤖 엔트리 학급에 가입해 봅시다. [학생용]

✖ 엔트리 학급가입하기

- 선생님의 안내에 따라 나의 학급에 가입해 봅시다.
- 학급명을 검색하여 찾아가서 선생님이 발급해준 아이디와 비밀번호로 가입합니다.
- 엔트리 사이트에 로그인 후 <나의 학급>을 클릭, <학급 아이디 추가하기> 혹은 <학급코드로 입력하기> 로 접속합니다. 선생님이 주신 URL을 주소창에 입력하여 접속해도 됩니다.

학급 코드 입력 방법

1. 엔트리 홈페이지에서 로그인을 합니다.
2. 메뉴바에서 <나의 학급>을 선택합니다.
3. <학급코드 입력하기>를 눌러 학급코드를 입력합니다.

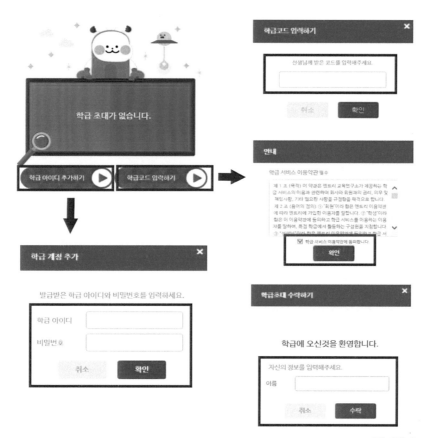

🤖 엔트리 프로그램을 설치해 봅시다.

✖ 엔트리 오프라인 버전 설치하기

- 제어판 > 시스템 및 보안 > 시스템에서 운영체제를 확인합니다.
- 운영체제 버전을 확인하여 Window 32bit/ Window 64bit 다운로드를 설치합니다.

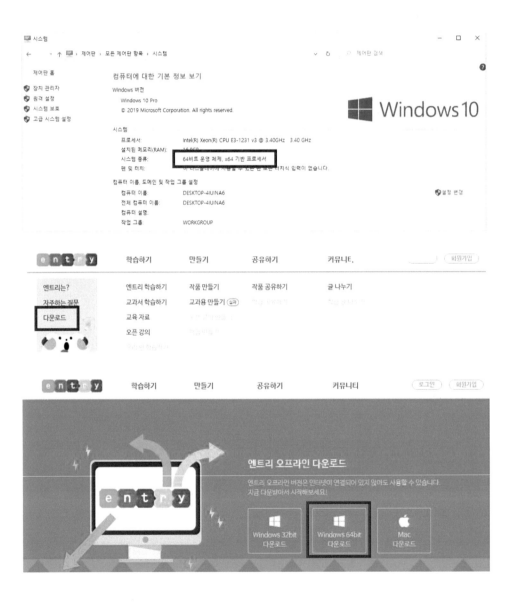

🤖 엔트리 프로그램의 화면 구성을 알아봅시다.

✖ 엔트리를 실행하여 초기화면 구성 살펴보기

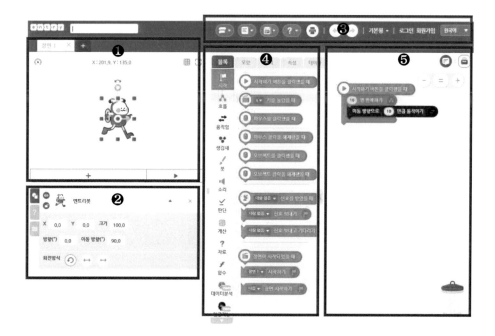

✖ 엔트리의 화면의 구성요소별 기능 알아보기

❶ 장면창	프로그램 실행속도 조절, 새로운 장면 추가, 화면 격자 표시, 화면 확대, 오브젝트를 추가하는 곳, 작성한 프로그램 실행
❷ 오브젝트창	• 오브젝트의 이동방향, 좌표, 크기, 회전방식 • 오브젝트 보이기/숨기기, 오브젝트 편집 잠금
❸ 메뉴창	• 블록 코딩/ 파이썬 코딩 선택 • 새 프로그램 만들기, 프로그램 불러오기 • 프로그램 저장, 도움말, 오브젝트별 블록 인쇄하기 • 기본형/교과형(실과) 선택
❹ 블록 꾸러미창	기능별 블록 모음
❺ 블록조립소	드래그 앤 드랍으로 블록을 조립하여 명령어를 코딩하는 곳

• 엔트리 프로그램의 메뉴창, 장면창, 오브젝트창, 블록 꾸러미창, 블록 조립소를 클릭하면서 살펴봅시다.

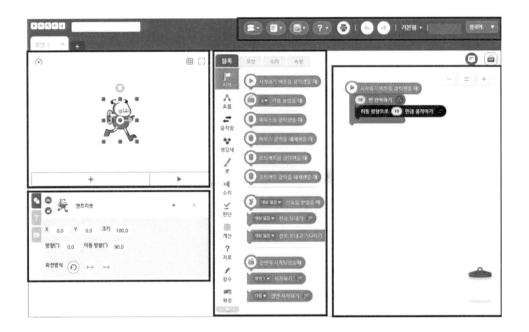

엔트리 프로그램의 블록 꾸러미를 알아봅시다.

✖ 엔트리 프로그램의 작동 순서 알아보기

① 프로그래밍할 대상(오브젝트)를 클릭하여 선택합니다.

② 블록꾸러미에서 명령어를 선택하고 블록 조립소로 드래그합니다.

③ 시작하기 버튼 ▶을 클릭하여 프로그램 실행시킵니다.

✖ 블록 꾸러미에 있는 명령어의 종류 알아보기

시작	프로그램의 시작점을 정하는 블록들이 있습니다.
흐름	프로그램의 흐름을 제어(반복, 조건, 기다리기 등)하는 블록들이 있습니다.
움직임	오브젝트의 움직임(회전, 이동, 위치 등)과 관련된 블록들입니다.
생김새	오브젝트의 모양, 크기, 색깔, 말하기 등의 블록들이 있습니다.
붓	오브젝트에게 명령하여 무대에 그림을 그릴 수 있는 블록들이 있습니다. 붓의 색상, 크기, 그림자 등의 효과를 줄 수 있습니다.
소리	소리 또는 디지털 악기 소리를 연주할 수 있습니다.
판단	프로그램의 실행 조건과 관련된 명령어를 만들 수 있습니다.
계산	산술연산, 논리연산 및 난수(무작위 수) 기능을 이용할 수 있습니다.
자료	오브젝트를 오행 자료를 입력하고 출력할 수 있습니다. 수시로 변하는 다양한 값을 변수 또는 리스트에 저장할 수 있습니다.
함수	오브젝트가 수행할 일련의 동작을 함수로 만듭니다.
데이터 분석	데이터는 통계청에서 제공하는 테이블을 추가하거나 csv, xls(x) 파일을 불러옵니다.
인공지능	언어번역, 비디오 감지, 오디오 감지, 음성변환 기능을 사용할 수 있습니다.
확장	날씨, 번역, 생활안전 국민행동요령, 자연재난 국민행동요령, 행사 등 외부의 정보를 엔트리로 불러오는 역할을 합니다.
하드웨어	다른 기기와 연동되는 블록으로 햄스터나 센서보드를 사용할 때 추가하여 사용할 수 있는 블록입니다.

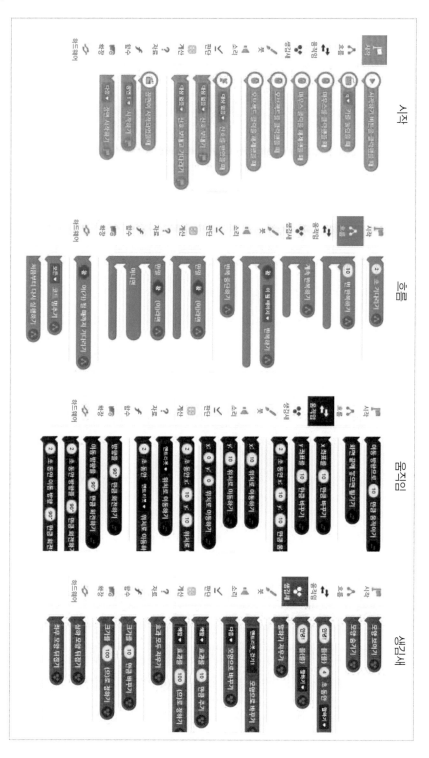

엔트리 프로그램의 블록 꾸러미에 있는 명령어들을 살펴봅시다.

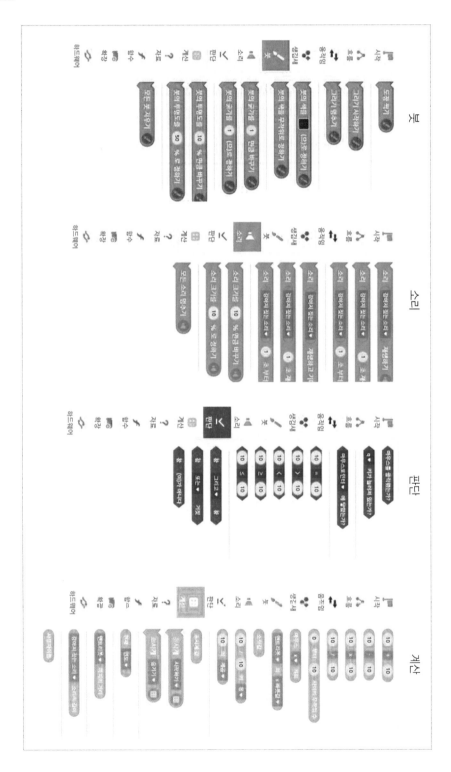

엔트리 프로그램의 블록 꾸러미에 있는 명령어들을 살펴봅시다.

3 **오브젝트 편집 방법 알아보기**

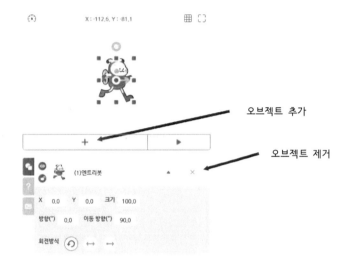

오브젝트 추가, 제거하기를 알아봅시다.

① 라이브러리에서 오브젝트를 선택하여 추가하기를 클릭합니다.

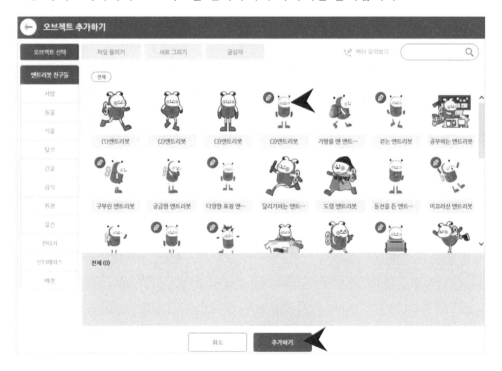

② '파일 올리기'를 클릭하고 내 컴퓨터에 있는 이미지 파일을 선택하여 추가합니다.

③ '새로 그리기'를 클릭하여 그림판에 그림을 그리고 저장합니다.

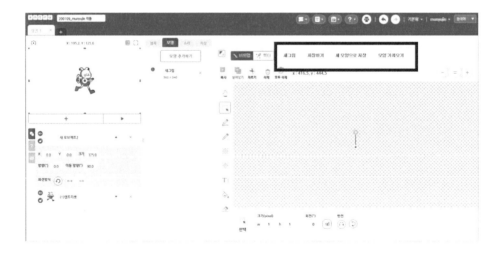

· '새 그림'을 클릭하여 빈 그림판을 불러옵니다.

· '저장하기/새 모양으로 저장'으로 그린 그림을 새 오브젝트로 저장합니다.

· '모양 가져오기'로 라이브러리의 오브젝트를 불러와서 편집합니다.

④ '글상자'를 선택하여 내용을 입력한 후 적용하기를 클릭합니다.

· 글자체, 진하기, 밑줄, 기울기, 글자색, 글상자색 등을 설정할 수 있습니다.

· 한 줄 쓰기

  : 내용을 한 줄로만 작성할 수 있으므로 입력할수록 글상자의 가로 길이가 계
  속 길어집니다.

· 여러 줄 쓰기

  : 내용을 작성하면서 엔터키를 사용하여 줄바꿈할 수 있습니다. 문장의 길이가
  글상자의 가로 영역을 넘기면 자동으로 줄바꿈 됩니다.

오브젝트를 편집하는 방법을 알아봅시다.

✖ 오브젝트 추가하기: 오브젝트 클릭 후 '｜　　＋　　｜(모양추가)'를 선택

- 모양추가를 선택하면 라이브러리에서 다른 오브젝트를 추가할 수 있습니다.
- 오브젝트를 여러 개 추가하면 한 개의 오브젝트로 여러 모양을 나타낼 수 있습니다.

✖ 오브젝트 편집하기: 편집할 오브젝트 클릭 후 그림판에서 편집

- 그림판에 불러온 오브젝트에 대해 그림 자르기, 그리기, 선 그리기, 사각형 그리기, 원 그리기, 글상자 넣기, 배경색 채우기, 지우기, 크기 조절의 편집이 가능합니다.
- 새 그림판 불러오기, 파일 저장하기, 라이브러리에서 오브젝트 가져오기, 복사, 잘라내기, 붙이기, 모두 지우기 가능합니다.

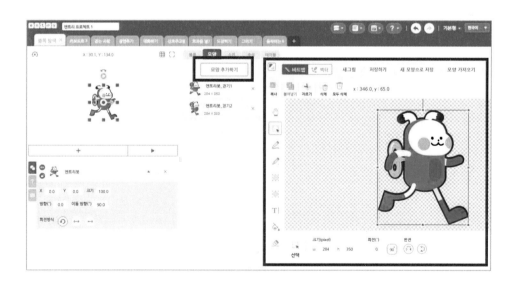

4 움직임 블록 사용하기

🤖 움직임 블록을 이용하여 오브젝트를 이동시켜 봅시다.

✖ 방향과 이동방향 구분하기

• 방향

오브젝트의 방향으로 오브젝트의 조절점의 위치에 따라 오른쪽 각을 이룹니다.

• 이동방향

오브젝트가 움직이는 방향으로 조절점을 기준으로 한 '화살표의 방향'을 말합니다.

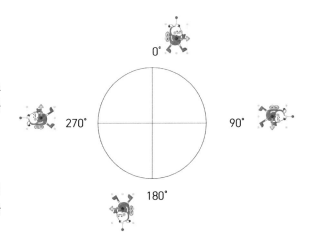

✖ 좌표 알아보기

• 원점을 기준으로 x축, y축 방향으로 각각 -220~+200, -140~+140 사이

✘ 움직임 블록명령어 알아보기

방향을 90° 만큼 회전하기	오브젝트의 방향을 90°회전
이동 방향을 90° 만큼 회전하기	오브젝트의 이동방향을 90°회전
2 초 동안 방향을 90° 만큼 회전하기	오브젝트의 방향을 90° 회전하는 데 2초 걸림
2 초 동안 이동 방향 90° 만큼 회전하기	오브젝트의 이동방향을 90° 회전하는 데 2초 걸림
x: 10 위치로 이동하기 / y: 10 위치로 이동하기	x좌표:10, y좌표:10 의 위치로 이동
x 좌표를 10 만큼 바꾸기 / y 좌표를 10 만큼 바꾸기	x축 방향으로 10만큼 y축 방향으로 10만큼 이동
x: 10 y: 10 위치로 이동하기	x좌표:10, y좌표:10 의 위치로 이동
2 초 동안 x: 10 y: 10 위치로 이동하기	x축 방향으로 10만큼, y축 방향으로 10만큼 이동하는 데 2초 걸림
2 초 동안 x: 10 y: 10 만큼 움직이기	x좌표:10, y좌표:10 의 위치로 이동하는 데 2초 걸림
이동 방향으로 10 만큼 움직이기	이동방향으로 10만큼 이동
90° 방향으로 10 만큼 움직이기	이동방향을 90°로 정하여 10만큼 이동
사랑의 총알 엔트리봇 ▼ 쪽 바라보기	방향을 회전하여 오브젝트 바라보기
사랑의 총알 엔트리봇 ▼ 위치로 이동하기	오브젝트의 위치로 이동하기
2 초 동안 사랑의 총알 엔트리봇 ▼ 위치로 이동하기	오브젝트의 위치로 이동하는 데 2초 걸림

방향

이동방향

〈방향〉은 오브젝트의 조절점이 수직선과 시계방향으로 이루는 각도입니다.

〈이동방향〉은 오브젝트의 조절점과 화살표가 시계방향으로 이루는 각도입니다.

![움직임 블록 일러스트] 움직임 블록을 이용하여 여러 가지 방법으로 오브젝트를 이동시켜 봅시다.

방향을 90° 만큼 회전하기

이동 방향을 90° 만큼 회전하기

2 초 동안 방향을 90° 만큼 회전하기

2 초 동안 이동 방향 90° 만큼 회전하기

x: 10 위치로 이동하기 x 좌표를 10 만큼 바꾸기

y: 10 위치로 이동하기 y 좌표를 10 만큼 바꾸기

x: 10 y: 10 위치로 이동하기

2 초 동안 x: 10 y: 10 위치로 이동하기

2 초 동안 x: 10 y: 10 만큼 움직이기

이동 방향으로 10 만큼 움직이기 10 에는 적당한 값을 입력하여 움직임의 정도를 조절하여 보아요!

90° 방향으로 10 만큼 움직이기

사랑의 총알 엔트리봇 ▼ 쪽 바라보기

사랑의 총알 엔트리봇 ▼ 위치로 이동하기

2 초 동안 사랑의 총알 엔트리봇 ▼ 위치로 이동하기

★주의!
오브젝트의 방향 조절점이 ● 사라지는 경우, 이동방향으로 움직이기 블록에 실행
오류가 나타나기도 합니다. 이 경우 비슷한 기능을 가진 다른 명령어블록을 사용
하거나 프로그램 재실행, 온라인 버전으로 프로그래밍 해보실 것을 권합니다.

키보드를 사용하여 오브젝트를 움직여 봅시다.

✖ 키보드를 눌렀을 때 시작하기를 지정해 봅시다.

→ 오른쪽 방향키를 누를 때마다
오브젝트가 오른쪽으로 10만큼 이동

← 왼쪽 방향키를 누를 때마다
오브젝트가 왼쪽으로 10만큼 이동

↑ 위쪽 방향키를 누를 때마다
오브젝트가 위쪽으로 10만큼 이동

↓ 아래쪽 방향키를 누를 때마다
오브젝트가 아래쪽으로 10만큼 이동

l (엘) 키를 누를 때마다
오브젝트가 왼쪽으로 10° 회전

r(알) 키를 누를 때마다
오브젝트가 오른쪽으로 10° 회전

10 에 적당한 값을 입력하여 움직임을 조절하여 보아요.

✖ 오브젝트를 추가하여 키보드로 제어하기를 코딩해 봅시다.

• 적당한 오브젝트와 어울리는 배경을 추가하여 코딩해 봅시다.

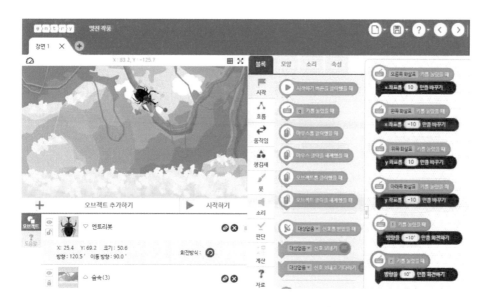

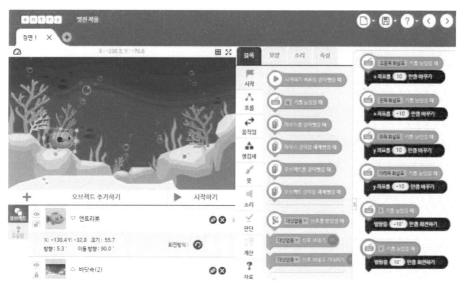

★주의!

• 움직일 오브젝트를 클릭한 후 코딩해야 합니다.

• 배경' 오브젝트에 코딩하지 않도록 유의해주세요.

 생김새 블록에서 지정할 수 있는 것들을 알아봅시다.

✖ 생김새 블록을 사용하여 다양한 방법으로 오브젝트를 이동시켜 봅시다.

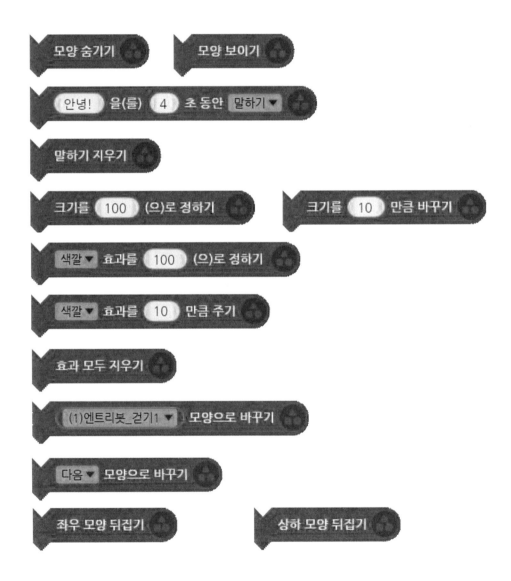

📺 **생김새 블록을 이용하여 오브젝트의 모양을 변화시켜 봅시다.**

✖ 오브젝트의 모양을 변화시켜가며 움직임을 표현해 봅시다.

이동방향으로 10만큼 움직임
다음 모양으로 바꿈
→ 두 가지 동작을 목적지까지 계속 반복하되 오브젝트의
　움직임이 너무 빨라 확인하기 무척 어려우므로 반복의
　사이사이에 0.2~1초 기다리기를 넣어줍니다.

✖ 오브젝트의 모양과 크기를 변화시켜 걸어가는 모습을 표현해 봅시다.

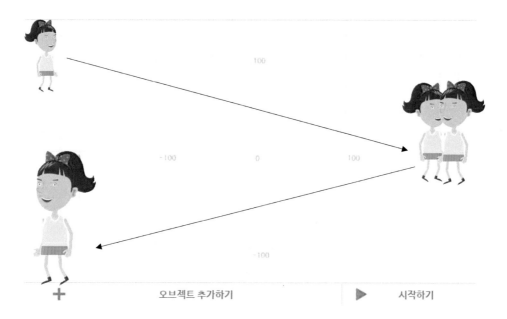

· 오브젝드를 x:-200, y:100 위치에서 시작 x:0, y:200 위지까지 이농
· x:0, y:200 위치에서 좌우모양 뒤집기
· x:-200, y:-100 위치까지 이동

✖ 오브젝트의 모양과 크기를 변화시켜 걸어가는 모습을 표현해 봅시다.

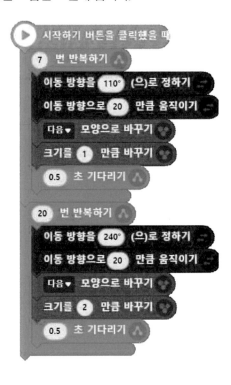

〈코드 설명〉	〈코드 설명〉

✘ 코드를 수정하여 나만의 방법으로 움직이는 오브젝트를 표현해 봅시다.

- 적당한 오브젝트와 어울리는 배경을 추가하여 코딩해 봅시다.
- 장면을 추가하여 오브젝트의 움직임을 이어 봅시다.

장면을 추가하여 다른 배경을 나타내어 봅시다.

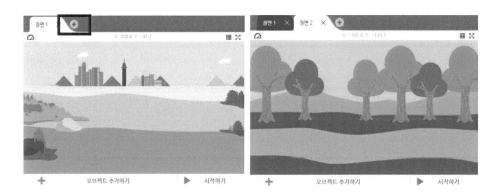

- 오브젝트를 선택하고 장면 전환에 적절한 배경을 추가하여 봅시다.
- 장면을 바꾸어가며 오브젝트의 말과 행동이 이어지도록 표현해 봅시다.

✖ 원하는 오브젝트를 추가하고 장면을 바꾸어가며 말과 행동을 표현해 봅시다.

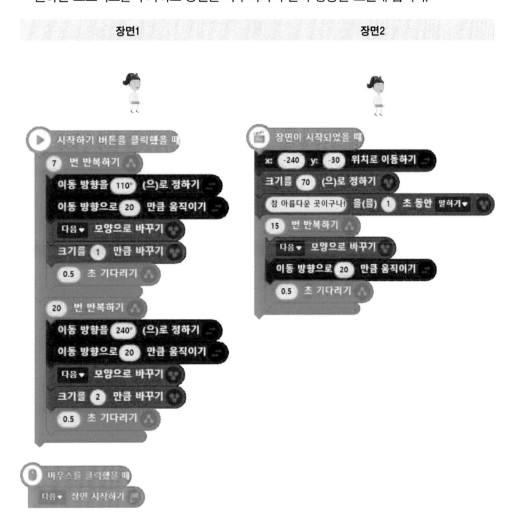

장면1	장면2

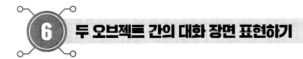

6 두 오브젝트 간의 대화 장면 표현하기

생김새 블록을 이용하여 두 오브젝트 간의 대화 장면을 표현해 봅시다.

✖ 타임라인을 사용하여 두 오브젝트간의 대화 시나리오를 구성해 봅시다.

오브젝트1(야옹이)	오브젝트2(멍멍이)
"졸리다! 야옹"을 2초 동안 말하기	4초 동안 고양이쪽으로 이동하기
2초 기다리기	
2초 기다리기	"안녕! 야옹아?"를 2초 동안 말하기
(고양이1) 모양으로 바꾸기 좌우모양 뒤집기 "멍멍아, 어디 가는 거냥?"을 2초 동안 말하기	2초 기다리기
2초 기다리기	"응, 뽀로로랑 놀려구"를 2초 동안 말하기
"그래, 안녕~"을 2초 동안 말하기	2초 기다리기
2초 기다리기	"그래, 안녕~"을 2초 동안 말하기
(고양이2) 모양으로 바꾸기 2초 기다리기	2초 동안 이동방향으로 100만큼 움직이기

✖ 두 오브젝트 간의 대화 시나리오를 코딩해 봅시다.

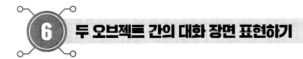

✖ 시작하기를 클릭하여 프로그램을 실행해보고 필요한 부분을 수정해 봅시다.

- 두 오브젝트의 대화 장면에 적절한 배경을 추가하여 봅시다.
- 두 오브젝트의 움직임을 다른 방법으로 표현해 봅시다.

신호보내기 블록을 이용하여 오브젝트간 소통을 만들어 봅시다.

✖ 신호 만들기로 오브젝트 간 소통하기

- <속성> 탭을 클릭하여 <신호>를 클릭합니다. <신호추가하기> 클릭 후 신호 이름을 입력합니다.
- 강아지 오브젝트 클릭 후 <소리> 탭을 클릭, <소리추가하기> 클릭하여 강아지 울음소리를 추가합니다.
- 고양이 오브젝트 클릭 후 <소리> 탭을 클릭, <소리추가하기> 클릭하여 고양이 울음소리를 추가합니다.
- 시작블록의 <신호 보내기>와 <신호를 받았을 때> 블록을 사용하여 코딩해 봅시다.

오브젝트2(강아지)	오브젝트1(사람)	오브젝트3(고양이)
x:-200, y:-100 위치로 이동하기	"아 심심해~ 친구랑 놀까?"를 2초 동안 말하기	x:200, y:-100 위치로 이동하기
	1초 동안-10° 만큼 회전하기 (멍멍이 쪽을 바라본다)	
	"멍멍아~ 나랑 놀자~"를 2초 동안 말하기	
신호를 받으면 이동 방향 바꾸기	신호보내기	신호를 받으면 모양뒤집기, 이동방향 회전하기
강아지 짖는 소리 1초 재생하기		고양이 울음소리 1초 재생하기
뛰어노는 아이에게 닿을 때까지 모양을 바꾸면서 이동 방향으로 20만큼 움직이기		뛰어노는 아이에게 닿을 때까지 모양을 바꾸면서 이동 방향으로 20만큼 움직이기

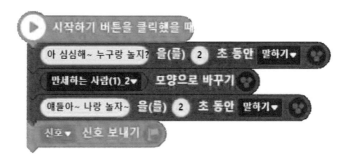

시작하기 버튼을 클릭했을 때

아 심심해~ 누구랑 놀지? 을(를) 2 초 동안 말하기▼

만세하는 사람(1)_2▼ 모양으로 바꾸기

얘들아~ 나랑 놀자~ 을(를) 2 초 동안 말하기▼

신호▼ 신호 보내기

시작하기 버튼을 클릭했을 때

x: -200 y: -50 위치로 이동하기

신호▼ 신호를 받았을 때

만세하는 사람(1)▼ 쪽 바라보기

소리 강아지 짖는 소리▼ 1 초 재생하기

만세하는 사람(1)▼ 에 닿았는가? 이 될 때까지▼ 반복하기

이동 방향으로 20 만큼 움직이기

다음▼ 모양으로 바꾸기

0.5 초 기다리기

시작하기 버튼을 클릭했을 때

x: 200 y: -60 위치로 이동하기

신호▼ 신호를 받았을 때

좌우 모양 뒤집기

만세하는 사람(1)▼ 쪽 바라보기

0.5 초 기다리기

소리 고양이 울음 소리▼ 1 초 재생하기

만세하는 사람(1)▼ 에 닿았는가? 이 될 때까지▼ 반복하기

이동 방향으로 20 만큼 움직이기

다음▼ 모양으로 바꾸기

0.5 초 기다리기

8 소리블록 사용하기

소리 블록을 이용하여 오브젝트의 소리나 효과음을 넣어 봅시다.

✖ 〈소리〉 탭을 사용하여 오브젝트에 어울리는 소리 추가하여 봅시다.

✖ 락 음악에 어울리는 악기소리 7개를 추가합니다.

오브젝트1(락커1)	오브젝트2(락커2)
"렛츠고~ 파티~!" 를 3초 동안 말하기	
신호보내기	신호를 받으면 무한 반복 소리 1~7 사이의 무작위수 재생하기 1~2 사이의 무작위수 모양으로 바꾸기

✖ 두 오브젝트 간의 신호 주고받기 시나리오를 코딩해 봅시다.

✖ 시작하기를 클릭하여 프로그램을 실행해보고 필요한 부분을 수정해 봅시다.

· 오브젝트와 배경을 바꾸어 다른 상황을 연출하여 봅시다.

· 소리의 종류, 크기와 길이를 다양하게 하여 연주해 봅시다.

붓 블록을 이용하여 오브젝트로 그림 그리기를 해 봅시다.

✖ 도장 찍기 블록을 사용하여 그림 효과를 나타내어 봅시다.

오브젝트의 중심점을
이동합니다.

• 오브젝트를 바꾸어 다른 효과를 연출하여 봅시다.
• 오브젝트의 색깔, 밝기, 투명도를 다양하게 하여 도장 찍기 효과를 만들어
봅시다.

✗ 붓 블록의 그리기를 사용하여 그림 효과를 나타내어 봅시다.

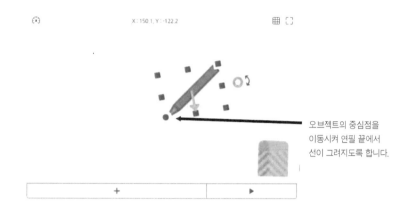

오브젝트의 중심점을
이동시켜 연필 끝에서
선이 그려지도록 합니다.

오브젝트1(연필)	오브젝트2(지우개)
시작하기버튼을 클릭하면 마우스 따라다니기	
마우스를 클릭하면 그리기 시작하기 마우스를 해제하면 그리기 멈추기	지우개 오브젝트를 클릭하면 신호보내기
신호를 받으면 모든 그림 지우기	

• 오브젝트를 바꾸어 다른 효과를 연출하여 봅시다.

• 붓의 색깔, 밝기, 투명도를 다양하게 하여 그리기 효과를 만들어 봅시다.

★주의!

지우개 오브젝트를 클릭했을 때 붓으로 신호를 보내어 붓이 모든 그림을 지우도록 하는 명령어를 수행하도록 합니다. 그런데 간혹 코딩이 정확한데도 지우개 오브젝트를 클릭했을 때 신호보내기가 실행되지 않는 경우가 있습니다. 이때 오브젝트 레이어에서 클릭할 오브젝트를 드래그하여 가장 위로 보낸 뒤 프로그램을 실행하면 해결되는 경우가 많습니다. 그럼에도 불구하고 실행 오류가 생기는 경우 프로그램을 종료하고 재실행하거나 버전으로 프로그래밍 해 보실 것을 권합니다.

복제본 만들기를 사용하여 움직이는 배경을 연출하여 봅시다.

✖ 원하는 오브젝트를 선택하여 복제본 만들기를 해 봅시다.

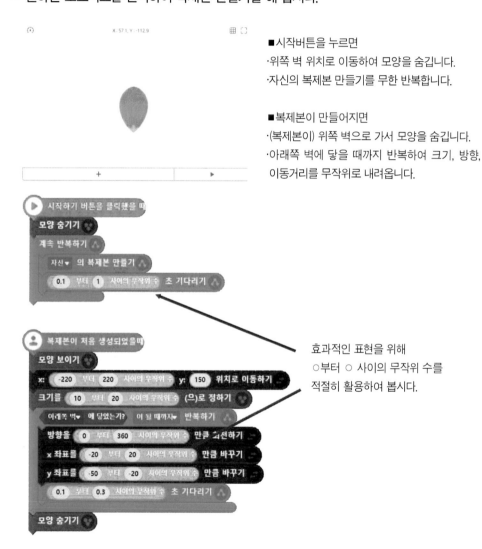

■시작버튼을 누르면
·위쪽 벽 위치로 이동하여 모양을 숨깁니다.
·자신의 복제본 만들기를 무한 반복합니다.

■복제본이 만들어지면
·(복제본이) 위쪽 벽으로 가서 모양을 숨깁니다.
·아래쪽 벽에 닿을 때까지 반복하여 크기, 방향,
이동거리를 무작위로 내려옵니다.

효과적인 표현을 위해
○부터 ○ 사이의 무작위 수를
적절히 활용하여 봅시다.

· 원하는 배경을 선택하고 배경과 어울리는 오브젝트를 추가해 봅시다.
· 복제본의 위치와 모양의 변화를 생각하여 효과적으로 표현해 봅시다.

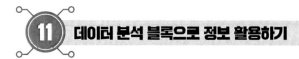
11 데이터 분석 블록으로 정보 활용하기

 데이터블록을 사용하여 전자 신문을 만들어 봅시다.

✖ 데이터 블록을 사용해 봅시다.

• <테이블> 탭을 선택하여 <테이블 추가하기>를 클릭합니다.

• 원하는 정보를 선택한 후 <추가하기>를 클릭합니다.

• <가로축>과 <표현값>을 정하여 차트를 완성합니다.

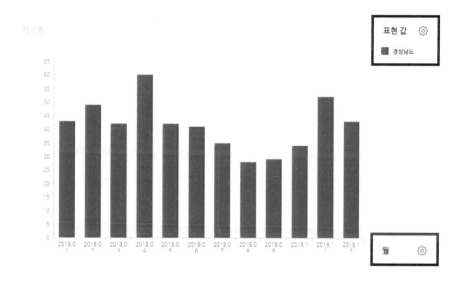

※ 신호와 오브젝트를 추가하여 신문을 만들어 봅시다.

• <속성> 탭을 선택 〈신호〉 〈신호 추가하기〉
를 클릭하여 신호 이름 입력합니다.
예 신호신호이름: 전국 미세먼지
• <파일 올리기>로 전국의미세먼지 현황을 보여
주는 이미지 파일을 추가합니다.
• <글상자>를 추가하여 신문의 헤드라인을 만듭
니다.
• 차트를 불러올 돋보기 오브젝트를 추가합니다.

오브젝트1(글상자(1))	오브젝트1(글상자(2))	오브젝트3(전국 미세먼지)
시작하기 버튼을 클릭하면 1초 모양 보이고 숨기기	·시작하기 버튼을 클릭하면 1.5초 모양 숨겼다가 1.5초 동안 모양 보이기 '미세먼지' 신호 보내기	시작하기 버튼을 클릭하면 모양 숨기기
		'미세먼지' 신호를 받으면 모양 보이기

오브젝트4(돋보기)
오브젝트를 클릭하면 테이블의 차트 창 열기

오늘의 미세먼지

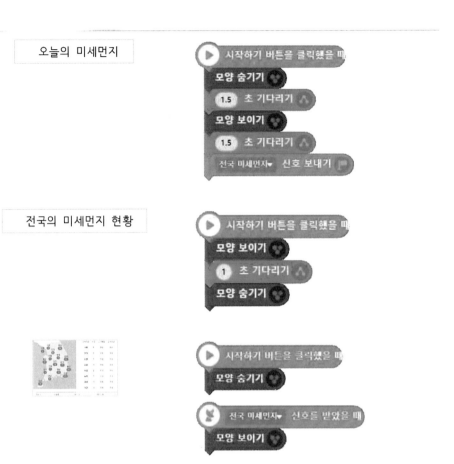

전국의 미세먼지 현황

인공지능 블록으로 지구촌 소식 전하기

 지구촌 문제와 관련된 뉴스를 조사하여 봅시다.

✖ 인공지능 블록 사용하기

· 인공지능 블록을 선택하여 <AI블록 불러오기>를 클릭합니다.

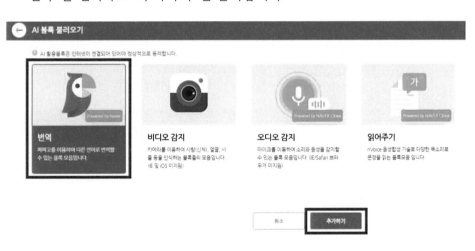

· <번역>을 선택하고 <추가하기>를 클릭합니다.

✖ 뉴스 보도문 꾸미기

- 지구촌 문제들 중 다른 나라의 사례를 간단한 보도문으로 꾸며 봅시다.
- 지구촌 문제들의 다양한 사례를 찾아보도록 합니다.

시작버튼을 누르면?

아프리카의 심한 가뭄 때문에 코끼리들이 죽어가는 내용을 영어로 번역하여 차례대로 말합니다.

번역 기능에 한계가 있으므로 짧고 간단한 문장으로 보도문을 작성합니다.

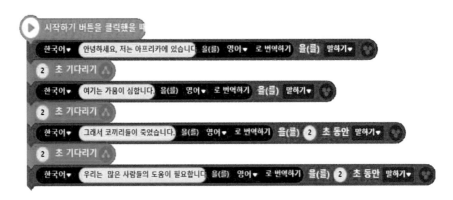

엘니뇨로 인한 아프리카의 가뭄, 그리고 코끼리의 죽음

아프리카 남부 보츠와나 국립공원에서 엘니뇨로 인한 극심한 가뭄으로 최근 두 달 동안 코끼리 100마리 이상이 목숨을 잃었다고 지난 10월 22일 AFP 통신이 보도 했습니다. 보츠와나 환경부는 2019년 5월부터 가뭄으로 인해 코끼리를 비롯한 야생동물 사망 숫자가 급격히 증가했다고 밝혔습니다.

이웃 국가인 짐바브웨에서도 먹이와 물 부족으로 10월부터 55마리 이상의 코끼리가 사망했는데요. 아프리카 남부 지역 역시 평균기온이 오르고 강우량이 불규칙해지면서 수십 년 만에 최악의 가뭄에 시달리고 있기 때문입니다. AFP 통신은 초원의 풀이 모두 시들고 웅덩이들은 말라붙어서 동물들이 살아가기 점점 어려워지고 있다고 전했습니다. 또, 황게 국립공원은 코끼리 1만 5천 마리 이상은 수용할 수 없는데도 불구하고 과다 수용하여 현재 5만 마리 이상이 서식하고 있으며 그로 인해 공원의 초목은 바닥이 난 상태입니다.

먹이가 부족해진 코끼리들이 아사하고 있습니다. 일부 코끼리 사체가 공원에 분포한 물웅덩이 인근에서 발견됐는데, 이는 코끼리들이 물을 찾기 위해 먼 거리를 이동했음을 보여준다고 해요. 아프리카는 온실가스 배출량이 전 세계의 4% 정도로 가장 적은 대륙이지만 대부분 국가들의 주요 산업이 농업이기 때문에 기후변화에 취약할 수밖에 없습니다. 국제적십자 기후센터에 따르면 현재 앙골라, 보츠와나, 나미비아, 짐바브웨 등 아프리카 남부 국가들은 가뭄으로 '국가비상사태'를 선포한 상태입니다.

[출처] 작성자 한국기후환경네트워크

 **다양한 지구촌 문제 알아보기**

📺 **지구촌 문제와 관련된 뉴스를 조사하여 봅시다.**

✖ 다양한 지구촌 문제 분류해보기

• 원인이나 해결방법을 중심으로 지구촌문제를 분류해 봅시다.

전쟁, 자연재해, 인종차별, 식량부족, 에너지 고갈, 지구 온난화(이상기후),
전염병, 자원문제, 영토 문제, 난민, 가난, 종교 갈등, 환경문제, 자연재해, 인종 차별 등

지구촌 문제	원인	해결 방안(우리가 할 수 있는 일)

✖ 지구촌 문제를 다룬 뉴스 기사 조사하기

· 관심 주제를 정하여 지구촌문제를 보도하는 뉴스기사를 조사하여 스크랩해 봅시다.

관심 주제 : 지구촌 난민 문제 (내용 출처 : EBS어린이지식e)	
팔레스타인 난민	르완다 난민
베트남 보트피플	시리아 난민

学교나 가정에서 우리들의 에너지 이용실태를 취재하여 봅시다.

✖ 에너지 이용실태에 대한 설문조사나 인터뷰 나누기

· 효율적인 에너지 방법을 생각하여 설문지나 인터뷰 질문지를 작성해 봅시다.

문항	질문 내용	척도
1		① ② ③ ④ ⑤
2		① ② ③ ④ ⑤
3		① ② ③ ④ ⑤
4		① ② ③ ④ ⑤
5		① ② ③ ④ ⑤

✖ 우리 반 학생들의 에너지 이용 실태를 표나 그래프로 나타내기

· 학생들의 에너지 사용 실태를 한눈에 볼 수 있도록 나타내어 봅시다.

도표나 그래프, 인포그래픽스 등으로 정리하여 조사한 내용을 발표해 봅시다.

✖ 우리 반 학생들의 효율적인 에너지 사용을 위한 픽토그램 만들기

· 학교에서 실천할 수 있는 에너지 절약관련 픽토그램을 만들어 적절한 장소에 붙여봅시다.

15 우리가 만드는 도덕 수업: 좋은 미래 만들기

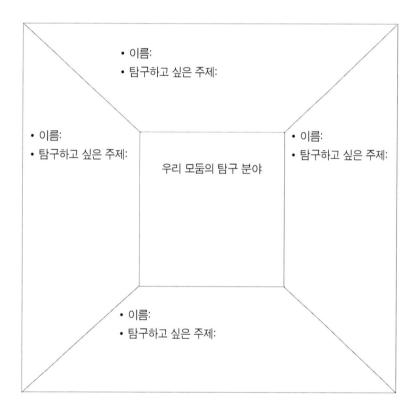

좋은 미래를 만들어나가기 위한 탐구 활동을 계획해 봅시다.

✖ 좋은 미래를 만들기 위한 탐구 주제 정하기

· 우리사회, 국가, 세계의 문제 상황을 생각하여 탐구주제를 정해 봅시다.

· 모둠 창문 활동지에 각각의 생각을 정리한 후 돌아가며 발표합니다.

· 발표가 끝나면 찬성하는 생각에 스티커를 붙이고 주제를 결정합니다.

· 이름:
· 탐구하고 싶은 주제:

· 이름:
· 탐구하고 싶은 주제:

우리 모둠의 탐구 분야

· 이름:
· 탐구하고 싶은 주제:

· 이름:
· 탐구하고 싶은 주제:

▼ 모둠별 발표하기

- 주제를 어떻게 결정하게 되었고 무엇을 결정하였는지 모둠별로 돌아가며 발표합니다.
- 프로젝트 학습장에 다른 모둠의 발표에서 얻은 좋은 아이디어와 우리 모둠의 보완 개선점 등을 기록합니다.

탐구 활동을 계획하고 실행해 봅시다.

탐구 주제		
탐구 방법		

탐구 일정	순서/날짜	탐구 내용

역할 분담	이름	역할

발표 방법/전략	

![robot icon] 탐구 결과를 정리하여 모둠별로 발표해 봅시다.

탐구 주제	
탐구 내용	
탐구 결론	
탐구과정에서 잘된 점	
탐구과정에서 아쉬웠던 점	
느낀 점/소감	
더 하고 싶은 탐구 계획	

16 **뉴스 주제를 정하고 스토리보드 작성하기**

뉴스의 진행 단계에 따른 스토리보드를 구성해 봅시다.

✖ 진행 단계에 따른 화면 구성과 대본, 필요한 자료 계획하기

단계	진행자의 도입	기자의 보도	기자의 마무리
대본			
자료 (사진, 도표)			
화면 구성			

17 엔트리 프로그램을 사용하여 뉴스 만들기

엔트리 프로그램을 사용하여 뉴스를 만들어 봅시다.

✖ 뉴스의 흐름이 한눈에 보이도록 장면 설정과 동작 순서 나타내기

장면❶	오브젝트1	오브젝트2

장면❷	오브젝트1	오브젝트2

장면❸	오브젝트1	오브젝트2

장면❹	오브젝트1	오브젝트2

18 뉴스 발표회 갖기

🤖 **다른 팀들이 만든 뉴스 발표를 듣고 의견을 나누어 봅시다.**

✖ 여러 팀의 산출물에서 새로운 아이디어 발견하기

- 팀별 발표 후 묻고 답하기 시간을 갖도록 하여 서로의 아이디어를 확장하는 기회를 갖습니다.
- 좋은 점과 아쉬운 점을 함께 생각하도록 하여 학생들의 비판적, 분석적 사고를 돕습니다.
- 다른 팀의 발표 내용에 경청하고 자신의 생각과 비교해보도록 합니다.

🤖 **다른 팀들이 만든 뉴스를 보고 평가해 봅시다.**

팀 이름		제 점수는요	☆☆☆☆☆
뉴스 제목			
뉴스의 짜임과 구성			
정보의 타당성 (정확성)			
자료의 효과적 활용			
좋은 아이디어			
아쉬운 점			

■ 많은 사람들이 참여하는 평가

- 학급 안에서만 발표하고 상호평가하기보다는 외부평가자가 많은 것이 좋습니다.
- 많은 사람들의 반응을 얻을수록 평가의 신뢰도가 높아집니다.
- 학생들이 자신들에게 온정적인 심사자를 고를 수 있으므로 외부평가자는 교사가 정합니다.

■ 일정기간 동안 결과물 전시하기

- 가장 많은 별을 모은 팀에게는 적절한 보상을 제공하여 학생들이 재미를 느끼도록 합니다.
- 시연회와 발표회로 끝나는 것이 아니라 학생들의 작품을 학교홈페이지에 게시하거나 엔트리 사이트에 공유하여 자신들이 만든 작품에 대해 자긍심을 느끼도록 합니다.

🤖 뉴스 제작 활동의 전 과정과 결과를 돌이켜보고 자기평가를 해 봅시다.

■ 자기 상호 평가지

- 평가 준거별로 우리팀 동료평가(회색 칸)와 자기평가(흰색 칸)를 구분하여 기록합니다.
- 자신의 주관적 평가와 친구들의 객관적 평가를 비교해볼 수 있습니다.

평가요소	평가 준거		
	상	중	하
프로그래밍 활동	순차와 조건 구조를 이해하여 문제 해결의 과정에 전략적으로 사용하였다.	모둠원의 협력과 선생님의 조언으로 문제해결을 위한프로그래밍을 완수하였다.	문제해결 절차를 구안하는데 어려움을 겪었고 프로그래밍을 완수하지 못하였다.
참여와 태도	프로젝트 전 과정에 적극적으로 참여하고 자신의 역할을 열심히 하였다.	프로젝트 과정에 빠짐 없이 참여하였으나 역할 수행에서 노력이 다소 부족했다.	프로젝트 활동에 소극적으로 참어하고 제 역할을 하지 못했다.
문제 해결 및 의사결정	다양한 지구촌 문제를 적극적으로 분석하여 관심 분야를 탐색하였다.	지구촌의 다양한 문제에 대한 적극적인 분석과 탐색 노력이 다소 부족했다.	지구촌 문제의 원인과 해결에 대한 관심이 부족했다.
문제 해결을 위한 과학적 사고	에너지 이용실태 조사를 통해 에너지의 효율적 사용 전략을 도출하였다.	에너지 이용실태 조사와 에너지의 효율적 사용 전략 간의 관련성이 다소 부족했다.	에너지 이용실태 조사에 어려움을 겪었으며 효율적인 에너지 사용 전략 수립이 어려웠다.
비판적 사고력 정보 활용능력	타당한 내용의 뉴스를 구성하여 매체를 사용하여 효과적으로 발표하였다.	매체를 사용하여 효과적으로 발표하나 뉴스 내용의 타당성이 다소 부족하였다.	뉴스의 내용 구성과 전달에 있어 타당성과 완성도가 부족하였다.
도덕적 공동체의식	세계화 시대 인류가 겪고 있는 문제를 분석하면서 해결 의지를 갖게 되었다.	세계가 겪고 있는 문제를 알게 되었으나 우리가 해결할 수 있는 것은 많지 않다.	오늘날의 인류가 겪고 있는 문제와 해결에 대한 관심이 부족했다.
산출물 제작	모둠원과 협력하여 엔트리 활용한 뉴스 제작을 계획하고 완성하였다.	엔트리 활용한 뉴스 제작을 계획하였으나 완성도가 다소 미흡했다.	계획에서 완성까지 협력과 노력이 다소 부족하여 뉴스제작을 완성하지 못했다.
경청과 평가	다른 팀의 발표를 귀기울여 듣고 뉴스의 짜임새와 타당성을 분석하였다.	다른 팀의 발표를 들었으나 특별한 점을 찾을 수 없었다.	다른 팀의 발표 내용에 귀 기울여 듣지 못했다.
새로운 아이디어	프로젝트 활동의 전과정에서 아이디어를 지속적으로 수정·보완하였다.	새로운 아이디어를 생성하기보다는 처음 계획에서 크게 벗어나지 않았다.	프로젝트 활동의 과정에서 특별한 아이디어를 생성할 수 없었다.
프로젝트 탐구를 통해 성장한 것			
우리 팀 별점			
선생님 총평			

✪ 프로젝트❸ 개요

프로젝트 주제	엔트리 프로그램을 이용하여 나만의 게임을 만들어보자.
프로젝트 목표	이 프로젝트에서는 학생들이 엔트리 프로그램을 사용하여 게임을 만들도록 한다. 프로그래밍 과정에서 자료의 입출력과 순차, 선택, 반복의 구조를 자연스럽게 이해하도록 하며, 만들고자 하는 프로그램을 구현하기 위해 문제분해, 추상화, 패턴 일반화 전략을 활용할 수 있다. 학생들의 관심 주제에 따른 자발적인 참여와 내적 동기를 기반으로 활동이 이루어지도록 하며 활동 과정에서 문제 해결을 위한 협력을 통해 컴퓨팅 사고력, 디지털 의사소통능력, 공유와 협업능력을 기름으로써 창의적 문제해결력을 기르도록 한다.

운영 시기	5~6학년	프로젝트 유형	디자인 챌린지
산출물 형태	게임 프로그램 만들기		

✪ 교과 및 성취기준

교과	성취기준
창체	• 창의주제활동/SW동아리 활동: 엔트리를 활용하여 게임 만들기 • 특색활동에 자율적으로 참여하여 일상의 문제를 합리적이고 창의적으로 해결한다. • 동아리 활동에 자발적으로 참여하여 소질과 적성을 계발하고 삶을 풍요롭게 가꾸어 나간다.
실과	[6실04-08] 절차적 사고에 의한 문제 해결의 순서를 생각하고 적용한다. [6실04-09] 프로그래밍 도구를 사용하여 기초적인 프로그래밍 과정을 체험한다. [6실04-11] 문제를 해결하는 프로그램을 만드는 과정에서 순차, 선택, 반복 등의 구조를 이해한다.
성취기준 재구성	[활동 주제] 게임 만들기 [성취기준] 순차, 선택, 반복의 구조를 활용하여 엔트리로 게임프로그램을 만든다.
2015개정 핵심역량	자기관리, 정보처리, 창의적 사고, 심미적 감성, 의사소통, 공동체 역량
일반화 지식	게임은 경쟁(선택)과 우연(비선택)의 요소를 적절히 활용하는 과정에서 몰입과 즐거움을 준다.

✖ 〈프로젝트 수업 흐름〉

이 프로젝트는 엔트리 기초학습이 되어있는 6학년 학생들을 대상으로 계획하였습니다. 게임 프로그램을 제작하기 위해서는 변수, 리스트, 함수 블록이 유용한데, 이는 초등학교 교육과정 성취수준을 벗어난 요소이므로 정규교과가 아닌 창의적 체험활동으로 운영하였습니다. 소프트웨어에 관심이 많은 5~6학년 학생들로 SW 동아리를 구성하여 연간 지도계획에 따라 운영하는 것이 좋고 수업 시수에 따라 내용을 가감하여 차시를 조정하는 것도 좋겠습니다. 학생들이 엔트리 학급에 직접 작품을 올리면 학생 작품들을 내려 받기 해두었다가 다음해 수업에서 선배들의 예시작품으로 활용해도 좋습니다.

엔트리 참고 자료: https://blog.naver.com/dulcinea012/222039623376

✪ 프로젝트 차시 계획

순서	활동 내용	시수
1	[창체] 간단한 퀴즈 프로그램 만들기: 질문하고 대답하기	1
2	[창체] 변수 만들기: 변수를 만들고 변수값 저장하기	1
3	[창체] 계산기 만들기: 계산식 코딩하기	1
4	[창체] 함수 만들기: 간단한 함수 만들어 사용하기	1
5	[창체] 리스트 사용하기: 간단한 추첨 프로그램 만들기	1
6	[창체] 복제하기를 사용하여 수세기 프로그램 만들기	1
7	[창체] 무작위수를 이용하여 주사위 프로그램 만들기	1
8	[창체] 소리를 추가하여 음악프로그램 만들기	1
9	[창체] 초시계를 사용하여 시간제한 프로그램 만들기	1
10	[창체] 조건을 이용한 다양한 게임 유형 알아보기: 전자도어락 열기 게임, 업 다운 게임, 승부차기 게임	3
11	[창체] 변수를 사용한 다양한 게임 유형 알아보기: 비상대피 게임, 고양이 피하기 게임 알아보기, 풍선 터뜨리기 게임 알아보기	3
12	[창체] 무작위 당첨을 이용한 다양한 게임 알아보기: 룰렛 게임, 벌칙 만들기 게임, 사다리 타기 게임	3
13	[창체] 게임 구안하기: 문제 분해, 패턴 분석, 알고리즘	2
14	[창체] 프로그래밍과 디버깅	2
15	[창체] 모둠별 게임 프로그램을 발표하고 평가하기	2

✪ 평가 계획

단계	수행 기준		
계획	자신의 생각과 경험을 토대로 주제를 생성할 수 있는가? 창의적인 방법으로 자신이 생각한 주제를 나타낼 수 있는가?		
	도달도	**피드백**	**재도전 결과**
	도달( ) 미도달( )		
성장 과정	자신의 역할에 책임감을 갖고 팀원들과 협력하였는가? 지식과 기능을 창의적으로 활용하면서 활동에 도전하였는가?		
	도달도	**피드백**	**재도전 결과**
	도달( ) 미도달( )		
	도달( ) 미도달( )		
최종 산출물	팀원과 함께 끝까지 노력하여 결과물을 완성하였는가? 아이디어 공유를 통해 결과물을 창의적으로 발전시킬 수 있었는가?		
	도달도	**피드백**	**재도전 결과**
	도달( ) 미도달( )		
공유 및 성찰	자신과 친구들의 학습 과정에 대한 피드백을 생성하는가? 프로젝트의 전 과정에서 자신의 생각을 발전시키거나 새로운 아이디어를 생성할 수 있는가? 프로젝트 활동에 기반하여 일상의 삶에서도 건전한 취미 생활을 구현하는가?		
	도달도	**피드백**	**재도전 결과**
	도달( ) 미도달( )		
평가방법	포트폴리오, 러닝로그를 활용한 지필평가, 상호관찰평가, 자기평가		

1 퀴즈 프로그램 만들기

<자료> 블록을 사용하여 간단한 퀴즈 프로그램을 만들어 봅시다.

✖ 질문하고 대답 기다리기

- <자료> 블록꾸러미의 <묻고 대답 기다리기> 블록을 사용합니다.
- 노란색 텍스트란에 질문을 입력합니다.

✖ 게임 스토리 구성

- 엔트리봇이 퀴즈를 묻고 대답을 기다립니다.
- 입력받은 대답이 맞으면 "맞습니다!", 틀렸다면 "다시 생각해보세요."라고 말합니다.
- 대답이 틀리면 반복하여 답을 묻고 정답을 맞추면 반복을 중단합니다.

✖ 퀴즈 프로그램 순서

오브젝트1(엔트리봇)	사용자
시작하기 버튼을 클릭하면 퀴즈를 묻고 대답 기다리기	
	대답 입력하기
대답이 맞으면 "맞습니다." 말하고 반복 중단하기 아니면 "다시 생각해보세요."	

시작하기 버튼을 클릭했을 때

계속 반복하기

행성은 영어로 무엇인가요? 을(를) 묻고 대답 기다리기

만일 대답 = planet (이)라면

맞습니다! 을(를) 2 초 동안 말하기▼

반복 중단하기

아니면

다시 생각해 보세요 을(를) 2 초 동안 말하기▼

✖ 프로그램 보완 수정 개선

• 프로그램에서 수정 보완 및 발전시킬 수 있는 방법을 토의해 봅시다.

2 변수 활용하기

변수를 만들고 활용해 봅시다.

✖ 변수 만들기

- <속성> 탭에서 <변수> <변수 추가하기>를 클릭
  하고 변수 이름을 입력합니다. ㉠ 변수 이름: 점수
- <속성> 탭으로 가서 변수를 보이지 않게 설정합
  니다.
- 시작하기를 클릭하면 변수가 보이게 코딩합니다.

✖ 장면 추가하기

- 장면창 위의 장면추가 탭을 클릭합니다.

- 장면이 추가되면 장면 제목을 입력합니다.

✖ 게임 스토리 구성

- "점수"는 0점에서 시작합니다.
- 엔트리봇이 퀴즈를 묻고 대답을 기다립니다.
- 입력받은 대답이 맞으면 "맞습니다!", 틀렸다면 "다시 생각해보세요."라고 말합니다.
- 대답이 틀리면 반복하여 답을 묻고, 맞으면 점수에 10점을 더하고 다음 장면으로 넘깁니다.

✖ 퀴즈 프로그램 순서

오브젝트1(엔트리봇)	사용자
시작하기 버튼을 클릭하면 "점수"를 0점으로 정하기 "점수" 변수 보이기 퀴즈를 묻고 대답 기다리기	
	대답 입력하기
만일 대답이 맞으면 "맞습니다" 말하고 점수 변수에 10점 더하고 다음 장면 시작하기 아니면 "다시 생각해보세요"	

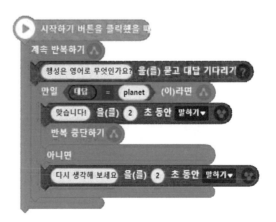

✖ 프로그램 보완 수정 개선

- 추가한 장면의 퀴즈 프로그램을 만들어보도록 합니다.
- 프로그램에서 수정 보완 및 발전시킬 수 있는 방법을 토의해 봅시다.

3 계산기 만들기

 사칙연산 프로그램을 만들어 봅시다.

✖ 글상자 사용하기

- 장면창 아래의 오브젝트 추가 버튼 + 을 클릭한 후 <글상자>를 클릭합니다.

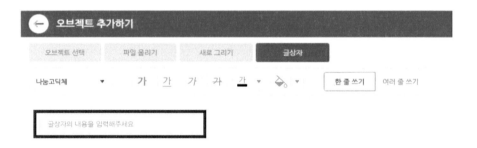

- 글상자 입력창이 나타나면 내용을 입력합니다.

✖ 특수문자 입력하기

- 내용 입력란에 한글 "ㄷ"을 입력한 뒤 "한자"키를 누르면 특수문자가 나타납니다.
- 연산기호 +,-, ×, ÷를 나타내는 특수문자를 선택하고 <적용하기>를 클릭합니다.
- 글상자 오브젝트가 장면창에 나타나면 크기 등을 적절히 조절합니다.

✖ 연산에 사용되는 변수 만들기

- <속성> 탭에서 변수를 2개 추가하고 변수 이름을 정합니다. ㉙ 변수 이름: 숫자 1, 숫자2
- <속성> 탭으로 가서 변수가 보이지 않게 설정하고 시작하기를 클릭하면 변수 가 보이게 합니다.

✖ 신호 만들기

- <속성> 탭에서 신호 4개를 추가하고 신호 이름을 정합니다.
- 신호 이름: 덧셈, 뺄셈, 곱셈, 나눗셈

✖ 계산기 프로그램 순서

오브젝트1(꼬마로봇)	오브젝트2(덧셈)
시작하기 버튼을 클릭하면 변수 보이기 "셈하기를 선택하세요"라고 말하기	
	덧셈 오브젝트를 클릭하면 덧셈 신호보내기
덧셈 신호를 받으면 질문 멈추기 첫 번째 수를 묻고 대답을 숫자1에 저장하기 두 번째 수를 묻고 대답을 숫자2에 저장하기 "결과는 숫자1+숫자2"를 말하기 변수를 숨기고 처음부터 다시 실행하기	

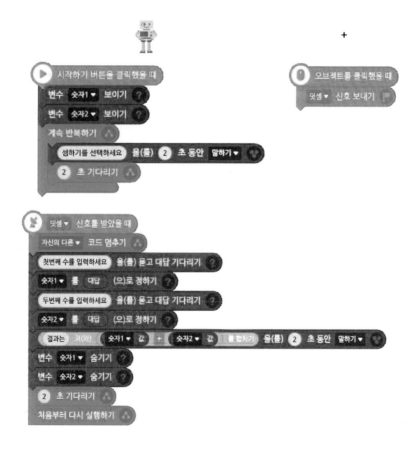

▸ 블록 합치기

▸ 프로그램 보완 수정 개선

- 뺄셈, 곱셈, 나눗셈을 추가하여 퀴즈 프로그램을 완성해보도록 합니다.
- 프로그램의 수정 보완 및 발전 방안을 토의해 봅시다.

함수 활용하기

함수를 이용하여 여러 가지 동작을 하나의 블록을 만들어 봅시다.

✕ 새로 그리기로 오브젝트 추가하기

- 장면창 아래의 오브젝트 추가 버튼 + 을 클릭한 후 <새로 그리기> <이동하기> 를 클릭합니다.

- 그림판에서 정사각형을 그린 후 <저장하기>를 클릭하면 화면창에 정사각형 오브젝트가 나타납니다.

✕ 연필 오브젝트의 좌표점 바꾸기

- 그리기 효과가 자연스럽게 연출되도록 합니다.
- 좌표점을 연필 끝으로 옮겨 연필 끝에서 붓선이 나오 도록 합니다.

✖ 정시각형을 그리는 순서 징하기

- 정사각형에 대한 약속(정의)을 생각하여 정사각형을 그리는 순서나 방법을 정합니다.

✖ 스토리 구성

- 연필이 원하는 도형을 묻습니다.
- 사용자가 그리고 싶은 도형을 클릭합니다.
- 연필이 해당 도형 그리기 함수를 실행하고 원래 위치로 돌아갑니다.
- 지우개를 클릭하면 그린 도형을 모두 지웁니다.

✖ 함수 만들기

- <함수> 블록꾸러미를 클릭 <함수 만들기>를 클릭합니다.
- 함수의 이름을 '정사각형 그리기'로 정하고 정사각형 그리는 순서대로 코딩합니다.

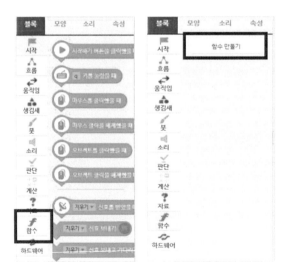

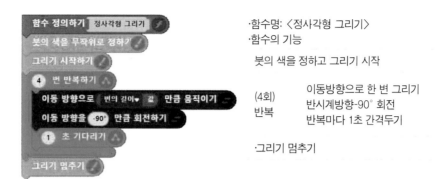

・함수명: ⟨정사각형 그리기⟩
・함수의 기능

　붓의 색을 정하고 그리기 시작

(4회)　이동방향으로 한 변 그리기
반복　　반시계방향-90° 회전
　　　　반복마다 1초 간격두기

・그리기 멈추기

✘ 도형 그리기 프로그램 순서

오브젝트1(연필)	오브젝트2(정사각형)	오브젝트2(지우개)
"도형을 선택하세요." 라고 말하기	오브젝트를 클릭하면 '정사각형 그리기' 신호보내기	
'정사각형 그리기' 신호를 받으면 질문 멈추기 한 변의 길이를 묻고 입력받기 ⟨정사각형 그리기⟩ 함수 실행 원래 위치로 가기		오브젝트를 클릭하면 연필에 지우개 신호보내기
지우개 신호를 받으면 모든 붓 지우기		

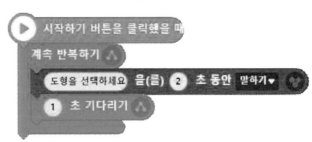

✖ 프로그램 보완 수정 개선

- 다양한 도형의 정의를 생각하여 프로그램을 보완해 봅시다.
- 원을 그리는 방법을 생각해 봅시다.

5 리스트 사용하기

리스트를 사용하여 당첨 프로그램을 만들어 봅시다.

✖ 당첨자 후보들을 저장하는 리스트 만들기

> 리스트는 숫자나 문자로 된 값을 여러 개 저장할 수 있습니다.
> 명령어로 리스트에 있는 값들을 지우거나 추가하며 조정할 수 있습니다.
> 리스트 값들의 순서를 이용하여 프로그래밍 할 수 있습니다.

- <속성> 탭을 클릭하고 <리스트> 선택 <리스트 추가하기>를 클릭하여 리스트 이름을 입력합니다.

  ㉔ 리스트 이름: 당첨자 후보

- <속성> 탭으로 가서 리스트를 보이지 않게 설정합니다.
- 시작하기를 클릭하면 리스트가 보이게 코딩합니다.

✖ 신호 만들기와 소리 추가하기

- <속성> 탭을 클릭하고 <신호> 선택 <신호 추가하기>를 클릭하여 신호이름을 입력합니다.

  ㉔ 신호 이름: 당첨자 발표

- 엔트리봇 오브젝트를 클릭한 상태에서 <소리> 탭 선택 <소리 추가하기>를 클릭하여 적당한 효과음을 추가합니다.

  ㉔ 박수갈채, 전자신호음

✖ 게임 스토리 구성

- 리스트의 빈 공간을 보여줍니다.
- 엔트리봇이 참가자 수를 묻고 대답을 기다립니다.

- 입력 받은 수를 '당첨사 후보'라는 변수에 저장합니다.
- 참가자 이름을 묻고 입력 받은 이름들을 리스트에 추가합니다. (당첨자 후보만큼 반복)
- 확인 버튼을 누르면 버튼이 '당첨자 발표' 신호를 보냅니다.
- 신호를 받은 엔트리봇은 효과음을 내고 당첨자 후보 중 한명을 무작위로 뽑아 발표합니다.
- 박수 소리가 들리면서 리스트가 사라집니다.

✖ 당첨 게임 프로그램 순서

오브젝트1(엔트리봇)	오브젝트2(확인버튼)
시작하기 버튼을 클릭하면 리스트 보이기 "참가자 수는 몇 명인가요?" 묻고 대답 기다리기 리스트에 대답 저장하기	
"당첨자 후보를 입력하세요" 묻고 대답 기다리기 참가자 수 만큼 리스트에 추가하기	확인 버튼 오브젝트를 클릭하면 '당첨자 발표' 신호보내기
신호를 받으면 효과음 재생하기 리스트의 1~참가자 수 중에서 무작위로 말하기	

- 시작하기 버튼을 클릭했을 때
- 리스트 당첨자 후보▼ 보이기
- 참가자수는 몇명인가요? 을(를) 묻고 대답 기다리기
- 참가자수▼ 를 대답 (으)로 정하기
- 당첨자 후보▼ 항목 수 = 참가자수▼ 값 이 될 때까지▼ 반복하기
  - 당첨자 후보를 입력하세요 을(를) 묻고 대답 기다리기
  - 대답 항목을 당첨자 후보▼ 에 추가하기

- 오브젝트를 클릭했을 때
- 당첨자 발표▼ 신호 보내기

- 당첨자 발표▼ 신호를 받았을 때
- 20 번 반복하기
  - 소리 전자신호음2▼ 재생하기
  - 0.1 초 기다리기
- 당첨자 후보▼ 의 1 부터 참가자수▼ 값 사이의 무작위 수 번째 항목 을(를) 4 초 동안 말하기▼
- 소리 박수갈채▼ 3 초 재생하기
- 리스트 당첨자 후보▼ 숨기기

✖ 블록 합치기

- 당첨자 후보▼ 의 10 번째 항목 을(를) 4 초 동안 말하기▼

+ 1 부터 참가자수▼ 값 사이의 무작위 수

- 당첨자 후보▼ 의 1 부터 참가자수▼ 값 사이의 무작위 수 번째 항목 을(를) 4 초 동안 말하기▼

✖ 프로그램 보완 수정 개선

- 게임을 더 재미있게 즐길 수 있는 새로운 아이디어를 모아봅시다.
- 프로그램을 수정 보완하거나 발전시킬 수 있는 방법을 토의해 봅시다.

6 복제 기능 활용하기

복제하기를 사용하여 간단한 프로그램을 만들어 봅시다.

⚓ 모양 추가하기

- 민트 컵케이크 오브젝트를 추가합니다.
- <모양> 탭을 선택 <모양 추가하기>를 클릭하여 여러 가지 음식을 추가합니다.
- 민트 컵케이크 오브젝트에 다양한 음식 모양이 생깁니다.

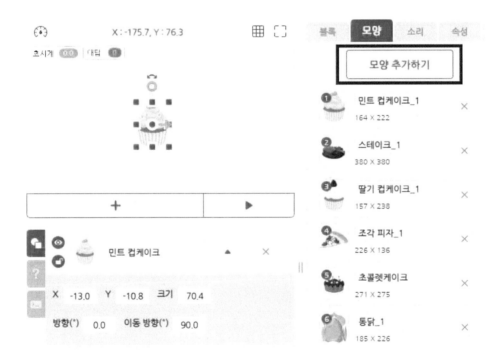

✖ 음식 개수를 세는 변수 만들기

• <속성> 탭에서 변수를 추가하고 변수 이름을 정합니다.

 ㉐ 변수 이름: 개수

• <속성> 탭으로 가서 변수가 보이지 않게 설정하고 시작하기를 클릭하면 변수가 보이게 합니다.

✖ 소리 추가하기

• 민트 컵케이크를 클릭한 상태에서 <소리> 탭 선택 <소리 추가하기>를 클릭하여 적당한 효과음을 추가합니다.

 ㉐ 박수갈채

✖ 게임 스토리 구성

• "개수"는 0에서 시작합니다.

• 민트 컵케이크는 자신의 모양을 숨기고 짜장면이 5개 모일 때까지 자신의 복제본을 계속 만들어냅니다. 복제본은 무작위 위치에서 무작위 선택으로 모양을 바꾸면서 나타납니다.

• 짜장면이 나타날 때마다 개수에 1을 더합니다.

• 짜장면이 5개 모이면 "5개를 모았어요!"라고 말하고 박수소리를 들려줍니다.

오브젝트 (민트 컵케이크)	오브젝트의 복제본
시작하기 버튼을 클릭하면 오브젝트의 모양을 숨김 개수는 0으로 나타남	
"개수=5"가 될 때까지 계속 자신의 복제본을 만들기	복제본이 만들어지면 무작위 위치로 가서 모양보이기 모양번호 1~10 중 무작위 모양으로 바꾸기
	모양번호가 7번일 때(짜장면)만 개수에 1 더하기 개수가 5개가 되면 박수소리와 함께 "다 모았어요." 말하기 변수 숨기고 종료

시작하기 버튼을 클릭했을 때
개수▼ 를 0 (으)로 정하기
변수 개수▼ 보이기
모양 숨기기
개수▼ 값 = 5 이 될 때까지▼ 반복하기
자신▼ 의 복제본 만들기

복제본이 처음 생성되었을때
x: -200 부터 200 사이의 무작위 수 y: -100 부터 100 사이의 무작위 수 위치로 이동하기
모양 보이기
1 부터 10 사이의 무작위 수 모양으로 바꾸기
만일 자신▼ 의 모양 번호▼ = 7 (이)라면
개수▼ 에 1 만큼 더하기
만일 개수▼ 값 = 5 (이)라면
5개를 모았어요! 을(를) 2 초 동안 말하기▼
소리 박수갈채▼ 1 초 재생하기
변수 개수▼ 숨기기
모든▼ 코드 멈추기
0.1 부터 1 사이의 무작위 수 초 기다리기
모양 숨기기

✖ 프로그램 보완 수정 개선

- 실행 조건을 바꾸어가며 프로그램을 작동시켜 봅시다.
- 놀이의 재미를 더하기 위하여 프로그램 수정 보완 및 발전 방안을 토의해 봅시다.

7 무작위를 이용한 프로그램 만들기

🤖 무작위수를 이용하여 주사위 프로그램을 만들어 봅시다.

✖ 주사위 오브젝트 만들기

- 파워포인트를 실행시켜 주사위 모양을 만든 후 그림파일로 저장합니다.
- 마우스 우클릭 후 배경색이 없는 '.png' 파일로 저장합니다.
- 주사위 1~6까지의 모양을 만들고 각각의 이미지를 그림파일로 저장합니다.

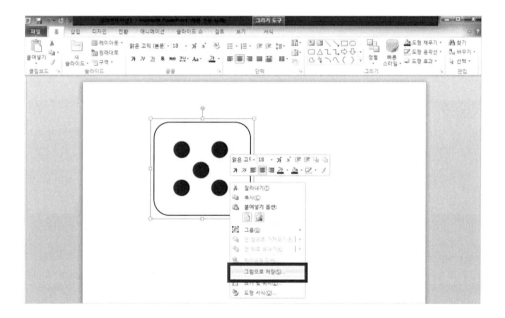

✖ 주사위 오브젝트 추가하기

- 오브젝트 추가하기 버튼을 클릭하고 <파일 올리기> 선택 후 <파일 올리기>를 클릭합니다.
- 주사위 파일을 찾아서 <열기> 후 아래쪽 <추가하기>를 클릭합니다.

- <모양> 탭을 선택한 후 <모양 추가하기>를 클릭하여 나머지 주사위 모양 5개도 <파일 올리기> 방법으로 추가합니다.

✖ 신호 2개 만들기

- <속성> 탭을 클릭하고 <신호> 선택 <신호 추가하기>를 클릭하여 신호 이름을 입력합니다.

  ㉺ 신호 이름: 던지기, 멈추기

✖ 주사위 프로그램 순서

오브젝트1(주사위)	오브젝트2(둥근버튼(앞/뒤))	오브젝트3(둥근버튼(정지))
	오브젝트를 클릭하면 '던지기' 신호 보내기	오브젝트를 클릭하면 '멈추기' 신호 보내기
'던지기' 신호를 받았을 때 계속 다음 모양으로 바꾸기		
'멈추기' 신호를 받았을 때 주사위 모양번호 1~6 중 무작위 모양으로 바꾸기		

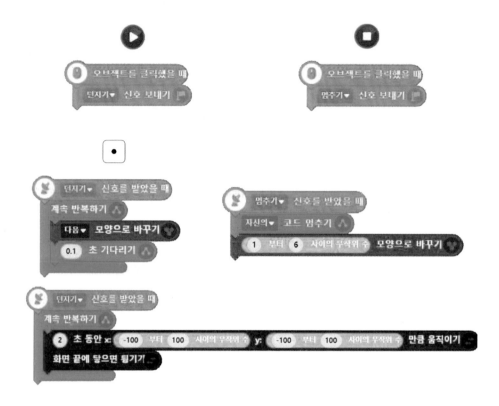

✖ 프로그램 보완 수정 개선

- 조건을 다양하게 바꾸어가며 프로그램을 실행시켜 봅시다.
- 주사위 수를 늘리거나 주사위의 모양을 변화시켜 프로그램을 바꾸어 봅시다.

🤖 **피아노를 만들어 절대음감 게임을 해 봅시다.**

✖ **오브젝트 복제하기**

- 피아노 건반 오브젝트를 추가합니다.
- 건반을 클릭한 상태에서 <소리> 탭 선택 <소리 추가하기>를 클릭하여 피아노 음정을 모두 추가합니다.

   예) 피아노01 낮은 솔 ~ 피아노14 높은 파까지

- 건반을 클릭한 상태에서 <오브젝트 창>에 마우스를 올려놓고 우클릭한 뒤 <복제>를 클릭합니다.
  복제를 하면 같은 건반 두 개가 겹쳐 있는 상태입니다.
- 겹쳐진 건반 중 하나를 "레" 위치로 옮기고 <모양> 탭으로 가서 <피아노 건반 레>로 바꿉니다.
- 오브젝트 복제 방법으로 피아노 건반을 모두 완성합니다.

☒ 게임 스토리 구성

- 각 건반을 누르면 음정을 들려주고 건반 크기와 색깔에 변화를 주어 누른 상태를 표현합니다.
- 건반 클릭을 해제하면 원래건반 모양으로 돌아옵니다.

☒ 프로그램 순서

오브젝트1 **(도)**	오브젝트를 클릭했을 때 피아노소리 '도' 재생하기, 크기를 20만큼 바꾸기, 색깔 효과 10만큼 주기
	오브젝트를 해제했을 때 효과 모두 지우기, 크기를-20만큼 바꾸기

☒ 프로그램 보완 수정 개선

- 나머지 건반을 코딩하여 피아노를 완성해 봅시다.
- 소리 효과를 사용할 수 있는 다양한 방법을 생각해 봅시다.
- 마림바 소리를 이용하여 실로폰을 만들어 봅시다.

9 초시계 활용하기

초시계를 사용하여 시간제한 프로그램을 만들어 봅시다.

✖ 변수 2개와 리스트 만들기

- <속성> 탭을 클릭하고 <변수> 선택 <변수 추가하기>를 클릭하여 변수 이름을 입력합니다.
  ㉾ 변수 이름: 순서, 참가자 수
- <속성> 탭을 클릭하고 <리스트> 선택 <리스트 추가하기>를 클릭하여 리스트 명을 입력합니다.
  ㉾ 리스트 이름: 당첨자 후보
- 변수와 리스트는 보이지 않기로 설정하고 시작하기 버튼을 클릭하면 나타나게 코딩합니다.

✖ 신호 2개 만들기

- <속성> 탭을 클릭하고 <신호> 선택 <신호 추가하기>를 클릭하여 신호 이름을 입력합니다.
  ㉾ 신호 이름: 초시계, 멈추기

✖ 소리와 모양 추가하기

- 폭탄 오브젝트를 클릭한 상태에서 <소리> 탭으로 가서 '총소리'를 추가합니다. 엔트리봇 오브젝드를 글릭한 상태에서 <모양> 탭으로 가서 '전기충격 엔트리 봇'을 추가합니다.

☀ 게임 스토리 구성

- "순서" 1로 시작합니다. 리스트가 나타납니다.
- 엔트리봇이 참가자 수를 묻고 입력 받은 대답을 "참가자 수"로 정합니다.
- 참가자 수 만큼 후보자 이름을 묻고 "당첨자 후보" 리스트에 추가합니다.
- 항목 추가가 모두 끝나면 리스트를 숨깁니다.
- 폭탄을 클릭하면 '초시계' 신호를 보내고 초시계를 시작합니다.
- 엔트리봇은 '초시계' 신호를 받고 리스트 후보자를 순서대로 부릅니다.
- 일정 시간이 되면 멈추기 신호를 보내고 초시계를 정지합니다.
- 폭탄 오브젝트는 터지는 모양으로 바뀌면서 폭발음을 내고 초시계를 멈춥니다.
- 엔트리봇은 '전기충격 엔트리봇'으로 모양을 바꾸고 모든 동작을 멈춥니다.

☀ 시한 폭탄 프로그램 순서

오브젝트1(엔트리봇)	오브젝트2(폭탄)
시작하기 버튼을 클릭하면 리스트 보이고 순서 1로 정하기 "참가자 수는 얼마인가요?" 묻고 대답을 "참가자 수"에 저장하기	
"당첨자 후보를 입력하세요" 묻고 참가자 수 만큼 후보자 이름을 리스트에 항목 추가하기 리스트가 완성되면 숨기기	폭탄 오브젝트를 클릭하면 초시계 신호 보내고 초시계 시작하기
초시계 신호를 받으면 리스트의 1~참가자 수(마지막 번호)까지 계속 순서대로 말하기	
	일정 시간이 되면 멈춤 신호 보내고 초시계 정지하기
멈춤 신호를 받으면 '전기충격 엔트리봇'으로 모양 바꾸기 자신의 코드 멈추기	폭탄 터진 모양과 소리 효과내기 초시계 숨기고 반복 중단하기

시작하기 버튼을 클릭했을 때
리스트 당첨자 후보▼ 보이기
(1)엔트리봇_걷기1▼ 모양으로 바꾸기
순서▼ 를 1 (으)로 정하기
참가자수는 몇명인가요? 을(를) 묻고 대답 기다리기
참가자수▼ 를 대답 (으)로 정하기
당첨자 후보▼ 항목 수 = 참가자수▼ 값 이 될 때까지▼ 반복하기
당첨자 후보를 입력하세요 을(를) 묻고 대답 기다리기
대답 항목을 당첨자 후보▼ 에 추가하기
리스트 당첨자 후보▼ 숨기기

오브젝트를 클릭했을 때
초시계▼ 신호 보내기
초시계 시작하기▼
계속 반복하기
만일 초시계 값 > 15 (이)라면
멈추기▼ 신호 보내기
초시계 정지하기▼
소리 총 소리2▼ 3 초 재생하기
폭탄_터진▼ 모양으로 바꾸기
초시계 숨기기▼
반복 중단하기

초시계▼ 신호를 받았을 때
계속 반복하기
당첨자 후보▼ 의 개수▼ 값 번째 항목 을(를) 0.1 부터 2 사이의 무작위 수 초 동안 말하기▼
순서▼ 에 1 만큼 더하기
만일 순서▼ 값 > 참가자수▼ 값 (이)라면
순서▼ 를 1 (으)로 정하기

멈추기▼ 신호를 받았을 때
전기충격 엔트리봇_1▼ 모양으로 바꾸기
자신의▼ 코드 멈추기

보물 상자 열기 게임을 만들어 봅시다.

✖ 암호를 저장할 변수 만들고 소리 추가하기

- <속성> 탭에서 <변수>, <변수 추가하기>를 클릭 하여 암호를 저장할 변수를 만 듭니다.

  例 변수 이름: 암호

- 보물 상자 오브젝트를 클릭한 상태에서 <소리> 탭으로 가서 '박수갈채'와 '방귀 소리'를 추가합니다.

✖ 게임 스토리 구성

- "암호"를 1234로 정하고 모양을 숨깁니다. 대답도 숨깁니다.
- 보물 상자가 암호를 묻고 대답을 기다립니다.
- 입력한 대답이 맞으면 "맞았어요!"라고 하며 박수갈채와 보물 상자가 열리면서 끝납니다.
- 틀렸다면 "다시 생각해보세요."라고 말하고 방귀소리를 들려주고 계속 반 복합니다.

✖ 암호 맞추기 프로그램 순서

오브젝트1(보물 상자(2))

시작하기 버튼을 클릭했을 때
보물 상자(2)_1 (닫힌 모양)으로 바꾸기
암호를 "1234"로 정하기
암호 숨기기
대답 숨기기

"암호를 입력하세요" 묻고 대답 기다리기
암호값과 대답과 같으면
보물 상자(2)_2 (열린 모양)으로 바꾸기
박수 소리 재생하기
"맞았어요" 말하기
반복 중단하기

암호값이 대답과 같지 않으면
보물 상자(2)_1 (닫힌 모양)으로 바꾸기
계속 반복하기

✘ 프로그램 보완 수정 개선

- 게임을 더 즐길 수 있는 방법을 생각해 봅시다.
- 암호 맞추기를 다섯 고개 형식으로 바꾸려면 어떻게 해야 할지 토의해 봅시다.

🤖 업다운 게임을 만들어 봅시다.

✘ 생각한 숫자, 점수를 저장할 변수 만들기

- <속성> 탭에서 <변수>, <변수 추가하기>를 클릭 하여 변수 2개를 만듭니다.
  (예) 변수 이름: 생각한 숫자, 점수

✘ 게임 스토리 구성

- "점수"를 10으로 정하고 모양보이기를 합니다.
- "생각한 숫자"를 1~100 사이의 무작위 수로 정하고 "생각한 숫자" 변수를 숨깁니다.
- "1부터 100까지의 수를 생각하고 말해보세요."를 묻고 대답을 기다립니다.
- 입력받은 대답이 맞으면 "맞습니다!"라고 하며 변수를 숨기고 끝납니다.
- 틀렸다면, "생각한 숫자"가 대답보다 크면 "대답보다 큽니다."를 말하고 대답보다 작으면 "대답보다 작습니다."를 말합니다. 점수는 1점 감점되고 계속 반복됩니다.

시작하기 버튼을 클릭했을 때

점수▼ 를 10 (으)로 정하기 ?

변수 점수▼ 보이기 ?

생각한 숫자▼ 를 1 부터 100 사이의 무작위 수 (으)로 정하기 ?

변수 생각한 숫자▼ 숨기기 ?

계속 반복하기 ∧

1부터 100 사이의 수를 생각하고 말해보세요 을(를) 묻고 대답 기다리기 ?

만일 생각한 숫자▼ 값 = 대답 (이)라면 ∧

맞았습니다! 을(를) 2 초 동안 말하기▼ ♥

변수 점수▼ 숨기기 ?

반복 중단하기 ∧

아니면

만일 생각한 숫자▼ 값 > 대답 (이)라면 ∧

대답 과(와) 보다 큽니다 를 합치기 을(를) 2 초 동안 말하기▼ ♥

아니면

대답 과(와) 보다 작습니다 를 합치기 을(를) 2 초 동안 말하기▼ ♥

점수▼ 에 -1 만큼 더하기 ?

✘ 프로그램 보완 수정 개선

• 게임을 더 재미있게 즐길 수 있는 방법을 생각해 봅시다.

• 프로그램 수정 보완 및 발전 방안을 토의해 봅시다.

📺 승부차기 게임을 만들어 봅시다.

✖ 점수를 저장할 변수 만들기

- <속성> 탭에서 <변수> 선택, <변수 추가하기>를 클릭 하여 변수를 만듭니다.
  ㉮ 변수 이름: 점수

✖ 게임 스토리 구성

- "점수"를 0으로 정하고 모양 보이기를 합니다.
- '걷고 있는 사람' 오브젝트가 축구공 쪽을 뛰어가서 축구공과 닿으면 멈춥니다.
- 축구공은 '걷고 있는 사람'과 닿으면 벽에 닿을 때까지 골대 쪽 무작위 방향으로 이동합니다.
- 축구공이 '축구선수(골키퍼)'에 닿으면 벽에 닿을 때까지 반대쪽 무작위 방향으로 이동합니다.
- 축구공이 골대 안으로 들어가면 "골인!"을 말하고 1점 득점합니다.
- '트레이닝콘'을 클릭하면 게임이 다시 시작됩니다.

✖ 승부차기 프로그램 순서

오브젝트1(걷고 있는 사람)	오브젝트2(축구선수)	오브젝트4(트레이닝콘)
시작하기를 클릭하였을 때 정해진 위치로 이동하기		
축구공 방향으로 바라보기 모양을 바꾸며 계속 움직이기		
축구공에 닿으면 멈추기	↑ 키 누르면 위로 5만큼 ↓ 키 누르면 아래로 5만큼 ← 키 누르면 왼쪽 5만큼 → 키 누르면 오른쪽 5만큼	오브젝트를 클릭했을 때 처음부터 다시 실행하기

오브젝트3(축구공)		
시작하기를 클릭하였을 때 점수를 0으로 하고 점수 보이기. 정해진 위치로 이동하기		
'걷고 있는 사람'에게 닿으면 벽에 닿을 때까지 골대 쪽으로 무작위 이동	'축구선수'에게 닿으면 벽에 닿을 때까지 골대 반대편으로 무작위로 이동	축구골대 안에 들어가면 "골인!"을 말하고 점수 1점 더하기

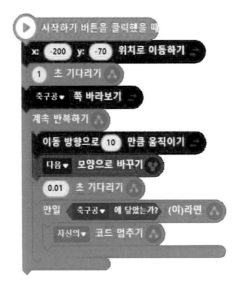

시작하기 버튼을 클릭했을 때
계속 반복하기
　만일　축구선수▼ 에 닿았는가?　(이)라면
　　이동 방향을 90 부터 270 사이의 무작위 수 (으)로 정하기
　　벽▼ 에 닿았는가? 이 될 때까지▼ 반복하기
　　이동 방향으로 10 만큼 움직이기
　　0.01 부터 0.1 사이의 무작위 수 초 기다리기

시작하기 버튼을 클릭했을 때
변수 점수▼ 보이기
점수▼ 를 0 (으)로 정하기
x: 0 y: -65 위치로 이동하기

시작하기 버튼을 클릭했을 때
계속 반복하기
　만일　걷고있는 사람(2)▼ 에 닿았는가?　(이)라면
　　이동 방향을 -45 부터 45 사이의 무작위 수 (으)로 정하기
　　벽▼ 에 닿았는가? 이 될 때까지▼ 반복하기
　　이동 방향으로 10 만큼 움직이기
　　0.01 부터 0.1 사이의 무작위 수 초 기다리기

시작하기 버튼을 클릭했을 때
계속 반복하기
　만일　55 ≥ 축구공▼ 의 x좌푯값▼ 그리고▼ 축구공▼ 의 x좌푯값▼ ≥ -55 그리고▼ 축구공▼ 의 y좌푯값▼ > 90 (이)라면
　　골인! 을(를) 1 초 동안 말하기▼
　　점수▼ 에 1 만큼 더하기

✕ 블록 합치기

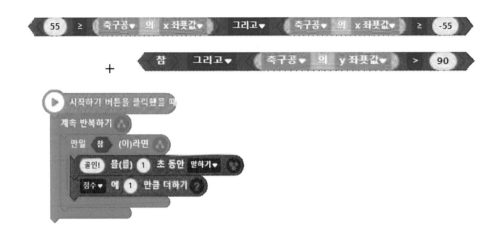

✕ 프로그램 보완 수정 개선

• 게임을 사용하면서 불편했던 점을 생각해보고 개선점을 찾아봅시다.

• 더 재미있는 게임을 만들 수 있는 방법은 무엇인지 토의해 봅시다.

11 변수를 사용하여 게임 만들기

비상대피 게임을 만들어 봅시다.

✖ 충돌 횟수를 저장할 변수 만들기

• <속성> 탭을 클릭하고 <변수> 선택, <변수 추가하기>를 클릭하여 변수 이름을 입력합니다.

  ㉍ 변수 이름: 충돌

✖ 모양 추가하기

• 엔트리봇 오브젝트를 클릭한 상태에서 <모양> 탭으로 가서 '전기충격 엔트리봇'을 추가합니다.

✖ 게임 스토리 구성

• "충돌" 변수를 0으로 시작하고 변수를 보입니다.
• 엔트리봇이 정해진 위치에서 시작, 방향키를 사용하여 미로를 빠져나갑니다.
• 미로에 닿으면 "앗, 뜨거"를 외치고 충돌 횟수에 1을 더합니다.
• 충돌값이 3회가 되면 '엔트리 전기충격' 모양으로 바꾸고 처음 위치로 돌아갑니다.
• 충돌 회수가 3 미만으로 성에 도착하면 "미션 성공!"을 외치고 변수를 숨기면서 끝납니다.

✖ 비상대피 게임 프로그램 순시

오브젝트1(엔트리봇)	
시작하기를 클릭하였을 때 ↑ 키 누르면 위로 5만큼 ↓ 키 누르면 아래로 5만큼 ← 키 누르면 왼쪽 5만큼 → 키 누르면 오른쪽 5만큼 스페이크 키 누르면 모양 뒤집기	시작하기를 클릭하였을 때 정해진 위치로 이동하기 충돌횟수 0으로 시작하기 미로그림에 닿으면 "앗 뜨거"라고 말하고 충돌횟수에 1 더하기 충돌횟수가 2보다 크면 전기충격모양으로 바꾸고 처음부터 시작 충돌횟수 2회 이하로 성에 도착하면 "미션 성공!!" 말하기 변수를 숨기면서 모든 코드 멈추기

시작하기 버튼을 클릭했을 때

충돌▼ 를 0 (으)로 정하기 ?

변수 충돌▼ 보이기 ?

좌우 모양 뒤집기

x: -30 y: -90 위치로 이동하기

계속 반복하기

　만일 미로(1)▼ 에 닿았는가? (이)라면

　　앗 뜨거! 을(를) 2 초 동안 말하기▼

　　말하기 지우기

　　충돌▼ 에 1 만큼 더하기

　　0.1 초 기다리기

　　만일 충돌▼ 값 > 2 (이)라면

　　　전기충격 엔트리봇_2▼ 모양으로 바꾸기

　　　1 초 기다리기

　　　x: -30 y: -90 위치로 이동하기

　　　처음부터 다시 실행하기

　만일 성▼ 에 닿았는가? (이)라면

　　미션 성공! 을(를) 4 초 동안 말하기▼

　　변수 충돌▼ 숨기기 ?

　　모든▼ 코드 멈추기

✖ 프로그램 보완 수정 개선

· 프로그램 실행에서 불편한 점이 있었다면 어떻게 개선하면 좋을까요?

· 게임을 더욱 재미있게 즐길 수 있는 방법을 생각해 봅시다.

🤖 쥐를 잡자 게임을 만들어 봅시다.

✖ 신호 만들기

- <속성> 탭을 클릭하고 <신호> 선택, <신호 추가하기>를 클릭하여 신호 이름을 입력합니다.

  ㉠ 신호 이름: 잡혔다

✖ 게임 스토리 구성

- 게임이 시작되면 고양이가 쥐를 향해 계속 움직이고 화면 끝에 닿으면 튕깁니다.
- 쥐는 마우스포인터가 움직이는 대로 이동하며 고양이를 계속 피해 다녀야 합니다.
- 쥐가 고양이에 닿으면 "어이쿠 잡혔다~"를 말하고 '잡혔다' 신호를 보냅니다.
- 고양이는 '잡혔다' 신호를 받으면 "야옹~"을 말하고 게임이 끝납니다.

✖ 고양이 피하기 프로그램 순서

오브젝트1(쥐)	오브젝트2(고양이)
시작하기버튼을 클릭하면 마우스 따라다니기 고양이와 닿으면 "아이쿠 잡혔다" 말하기 '잡혔다' 신호 보내기	시작하기버튼을 클릭하면 이동방향으로 10~50 만큼 계속 움직이기 화면 끝에 닿으면 튕기기
	'잡혔다' 신호를 받으면 쥐 쪽 바라보기 "야옹~~"하고 말하기

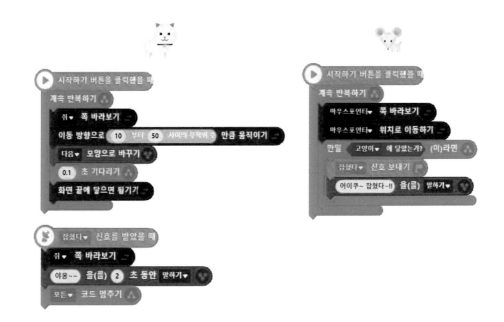

✖ 프로그램 보완 수정 개선

• 더 재미있는 게임을 만들기 위한 프로그램 개선 방안을 토의해 봅시다.

🤖 자동차 피하기 게임을 만들어 봅시다.

✖ 점수를 저장할 변수 만들기

- <속성> 탭을 클릭하고 <변수> 선택, <변수 추가하기>를 클릭하여 변수 이름을 입력합니다.

  ㉮ 변수 이름: 점수

✖ 모양 추가하기

- <속성> 탭을 클릭하고 <모양> 선택, <모양 추가하기>를 클릭하여 여러 가지 자동차를 추가합니다.

✖ 게임 스토리 구성

- "점수" 5점으로 시작하고 점수 변수가 나타납니다.
- 자동차는 무작위 모양으로 바꾸며 한 대씩 나타나 오른쪽 벽에 닿을 때까지 이동합니다.
- 소피는 마우스를 클릭할 때마다 위로 올라갔다 내려옵니다.
- 자동차가 소피에 닿으면 점수가 1점씩 내려갑니다.
- 점수가 0점이 되면 변수가 사라지고 게임이 끝납니다.

▼ 자동차 피하기 프로그램 순서

오브젝트1(소피)	오브젝트2(자동차)
시작하기 버튼을 클릭하면 계속 모양 바꾸기	시작하기 버튼을 클릭하면 점수를 5점으로 정하고 변수 보이기
마우스를 클릭하면 위쪽으로 떠올랐다 내려오기	무작위 모양으로 바꾸기 ／ 소피와 닿으면 점수-1점 정해진 위치로 이동하기 ／ 0점이 되면 변수를 숨기고 벽에 닿을 때까지 오른쪽으로 이동 ／ 모든 코드 멈추기

시작하기 버튼을 클릭했을 때

x: 150 y: -70 위치로 이동하기

계속 반복하기

　소피_4 ▼ 모양으로 바꾸기

　0.5 초 기다리기

　소피_5 ▼ 모양으로 바꾸기

　0.5 초 기다리기

마우스를 클릭했을 때

계속 반복하기

　1 초 동안 x: 0 y: 50 만큼 움직이기

　2 초 동안 x: 0 y: -70 만큼 움직이기

시작하기 버튼을 클릭했을 때

계속 반복하기

　1 부터 8 사이의 무작위 수 모양으로 바꾸기

　크기를 80 (으)로 정하기

　x: -240 y: -90 위치로 이동하기

　오른쪽 벽 ▼ 에 닿았는가? 이 될 때까지 ▼ 반복하기

　　x 좌표를 3 만큼 바꾸기

시작하기 버튼을 클릭했을 때

점수 ▼ 를 5 (으)로 정하기

변수 점수 ▼ 보이기

계속 반복하기

　만일 소피 ▼ 에 닿았는가? (이)라면

　　점수 ▼ 에 -1 만큼 더하기

　　0.5 초 기다리기

　만일 (점수 ▼ 값 < 1) (이)라면

　　변수 점수 ▼ 숨기기

　　모든 ▼ 코드 멈추기

✘ 프로그램 보안 수정 개선

- 다양한 조건을 바꾸어가며 게임을 즐겨 봅시다.
- 게임을 더 재미있게 즐길 수 있는 방법을 토의해 봅시다.

🤖 풍선 터뜨리기 게임을 만들어 봅시다.

✖ 점수를 저장할 변수 만들기

- <속성> 탭을 클릭하고 <변수> 선택, <변수 추가하기>를 클릭하여 변수 이름을 입력합니다.

    ㈜ 변수 이름: 점수

✖ 소리 추가하기

- 풍선 오브젝트를 클릭한 상태에서 <소리> 탭으로 가서 '총소리'를 추가합니다.

✖ 새로 그리기로 오브젝트 추가하기

- 장면창 아래의 오브젝트 추가 버튼 + 을 클릭한 후 <새로 그리기>, <이동하기>를 클릭합니다.

- 그림판에서 굵은 선을 그린 후 <저장하기>를 클릭하면 화면창에 굵은 선 오브젝트가 나타납니다.

✕ 풍선 터지기 프로그램 순서

오브젝트1(막대)		오브젝트2(풍선)
시작하기 버튼을 클릭하면 무작위 위치에서 나타나기 오른쪽 벽에 닿을 때까지 무작위 속도로 오른쪽으로 가기	시작하기 버튼을 클릭하면 정해진 위치로 이동하기 점수 5점으로 정하고 변수 보이기 막대 오브젝트에 닿으면 1점 감점되고 우는 표정으로 바꾸기 점수가 0점이 되면 풍선 터짐과 총소리 재생하기 변수 숨기고 모든 코드 종료	마우스를 클릭하면 위로 10만큼 올라갔다 내려오기 벽에 닿으면 정해진 위치로 가기

프로그램 보완 수정 개선

- 프로그램 실행에서 불편한 점이 있었나요? 어떻게 개선하면 좋을까요?
- 더 재미있는 게임을 만들 수 있는 방법을 토의하여 봅시다.

룰렛 게임을 만들어 봅시다.

▪ 신호 2개 만들기

- <속성> 탭을 클릭하고 <신호> 선택, <신호 추가하기>를 클릭하여 신호 이름을
  입력합니다.

  ㉑ 속성 이름: 돌리기, 멈추기

▪ 오브젝트 추가하기

- 룰렛판, 룰렛 화살표, 둥근버튼(정지), 둥근버튼(앞/뒤) 오브젝트를 추가합니다.
- 룰렛판을 클릭하고 <모양> 탭으로 가서 원하는 룰렛판 모양
  을 선택합니다.
- 룰렛 화살표를 가져와서 좌표점을 구심점으로 옮깁니다.
- 오브젝트 추가하기 버튼을 클릭하여 <글상자>를 클릭하여 내
  용을 입력하고 적용하기를 클릭합니다.

✖ 글상자에 내용 넣기

- 장면창 아래의 오브젝트 추가 버튼(+)을 클릭한 후 <글상자>를 클릭합니다.

- 글상자 입력창이 나타나면 내용을 입력합니다.

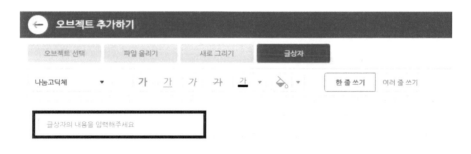

✖ 게임 스토리 구성

- 둥근 버튼(앞/뒤)를 클릭하면 화살표가 돌아갑니다.
- 둥근 버튼(정지)를 클릭하면 화살표가 멈춥니다.
- 화살표가 멈춘 곳에 해당하는 내용으로 결정합니다.

✖ 룰렛 돌리기 프로그램 순서

오브젝트1(룰렛 화살표)	오브젝트2[둥근버튼(앞/뒤)]	오브젝트3[둥근버튼(정지)]
	오브젝트를 클릭했을 때 돌리기 신호 보내기	오브젝트를 클릭했을 때 멈추기 신호 보내기
돌리기 신호를 받았을 때 무작위 속도로 계속 회전하기		
멈추기 신호를 받았을 때 자신의 코드 멈추기		

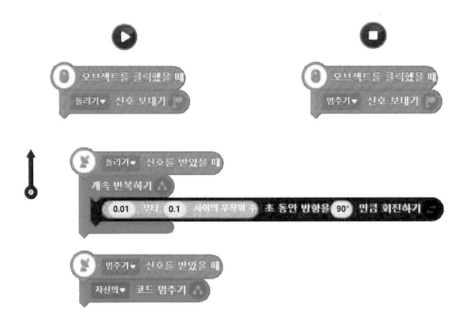

✖ 프로그램 보완 수정 개선

- 룰렛을 사용하여 어떤 게임을 만들 수 있을까요?
- 더 재미있는 게임을 즐길 수 있는 방법을 토의하여 봅시다.

🤖 벌칙 정하기 게임을 만들어 봅시다.

✄ 벌칙 목록을 저장하는 리스트 만들기

- <속성> 탭 클릭 후 <리스트> 선택, <리스트 추가하기>를 클릭하여 리스트 이름을 입력합니다.

  ㉠ 리스트 이름: 누가, 무엇을 한다

- <속성> 탭에서 리스트를 '보이지 않게 설정'하고 '시작하기를 클릭하면 보이게' 코딩합니다.

✄ 변수와 신호 만들기

- <속성> 탭을 클릭하고 <변수> 선택, <변수 추가하기>를 클릭하여 변수 이름을 입력합니다.

  ㉠ 변수 이름: 참가자 수

- <속성> 탭을 클릭하고 <신호> 선택, <신호 추가하기>를 클릭하여 신호이름을 입력합니다.

  ㉠ 신호 이름: 결과 확인

✄ 소리 추가하기

- '뛰어노는 아이'를 클릭한 상태에서 <소리> 탭으로 가서 효과음을 추가합니다.

  ㉠ 전자 신호음, 총 소리

✄ 게임 스토리 구성

- '무엇을 한다' 리스트의 벌칙 목록을 보여줍니다.
- 참가자 수를 묻고 대답을 '참가자 수'에 저장합니다.
- 참가자 이름을 묻고 입력 받은 이름들을 '누가' 리스트에 추가합니다. (참가자 수 만큼 반복)

- 확인 버튼을 누르면 비튼이 '결과 확인' 신호를 보냅니다.
- 신호를 받은 아이가 '누가' 리스트 항목 중 한 명과 '무엇을 한다' 리스트 항목 중 하나를 무작위로 뽑아 발표합니다.

✘ 당첨 게임 프로그램 순서

오브젝트1(뛰어노는 아이)	오브젝트2(결과확인 버튼)
시작하기 버튼을 클릭하면 '무엇을 한다' 항목에 10가지 벌칙 항목 추가하고 보여주기 "9개의 벌칙이 있어요."라고 말하기 "참가자 수는 얼마인가요?" 묻고 대답 기다리기 대답을 '참가자 수'에 저장하기	
"참가자 이름을 입력하세요"라고 묻고 대답을 참가자 수 만큼 '누가' 리스트에 항목에 추가하기	
오브젝트를 클릭했을 때 효과음 들려주기 '누가' 항목과 '무엇을 한다' 항목을 무작위로 조합하여 말하기 방귀 소리 1초 재생하기	오브젝트를 클릭했을 때 결과 확인 신호 보내기

시작하기 버튼을 클릭했을 때

노래를 불러준다 을(를) 무엇을 한다▼ 의 1 번째에 넣기 ❓

엉덩이로 친구 이름을 써준다 을(를) 무엇을 한다▼ 의 1 번째에 넣기 ❓

친구 자리를 청소해준다 을(를) 무엇을 한다▼ 의 1 번째에 넣기 ❓

사탕을 준다 을(를) 무엇을 한다▼ 의 1 번째에 넣기 ❓

안마를 20번 해준다 을(를) 무엇을 한다▼ 의 1 번째에 넣기 ❓

업고 교실을 한바퀴 돈다 을(를) 무엇을 한다▼ 의 1 번째에 넣기 ❓

친구의 좋은점을 한가지 말해준다 을(를) 무엇을 한다▼ 의 1 번째에 넣기 ❓

친구와 닮은 연예인을 말해준다 을(를) 무엇을 한다▼ 의 1 번째에 넣기 ❓

친구의 부탁을 한가지 들어준다 을(를) 무엇을 한다▼ 의 1 번째에 넣기 ❓

오브젝트를 클릭했을 때

결과 확인▼ 신호 보내기 🏳

시작하기 버튼을 클릭했을 때

리스트 무엇을 한다▼ 보이기 ❓

9개의 벌칙이 있어요~ 을(를) 2 초 동안 말하기▼ 💬

참가자수는 몇 명인가요? 을(를) 묻고 대답 기다리기 ❓

참가자수▼ 를 대답 (으)로 정하기 ❓

누가▼ 항목 수 = 참가자수▼ 값 이 될 때까지▼ 반복하기 ⌃

　참가자 이름을 입력하세요 을(를) 묻고 대답 기다리기 ❓

　대답 항목을 누가▼ 에 추가하기 ❓

결과 확인▼ 신호를 받았을 때

10 번 반복하기 ⌃

소리 전자신호음3▼ 1 초 재생하기 ◀

누가▼ 의 1 부터 참가자수▼ 값 사이의 무작위 수 번째 항목 와(과) 무엇을 한다▼ 의 1 부터 9 사이의 무작위 수 번째 항목 를 합치기 을(를) 4 초 동안 말하기 💬

소리 방귀 소리▼ 1 초 재생하기 ◀

▼ 블록 합치기

▼ 프로그램 보완 수정 개선

• 다양한 조건을 바꾸어가며 게임을 수정 보완해 봅시다.

🤖 사다리타기 게임을 만들어 봅시다.

✖ 신호 만들기

- <속성> 탭을 클릭하고 <신호> 선택, <신호 추가하기>를 클릭하여 신호 이름을 입력합니다.

  ㉑ 신호 이름: 스테이크

✖ 게임 스토리 구성

- '걷고 있는 사람'을 클릭하면 사다리 타기를 시작합니다.
- 종착점에 닿았을 때 '스테이크' 신호를 보냅니다.
- 스테이크 오브젝트는 처음 모습을 숨겼다가 '스테이크' 신호를 받으면 나타납니다.

✖ 사다리 타기 프로그램 순서

오브젝트1(걷고 있는 사람)	오브젝트2(스테이크)
시작하기 버튼을 클릭하면 정해진 위치로 이동하기 붓의 색을 무작위로 정하고 그리기 시작하기	시작하기 버튼을 클릭하면 모양 숨기기
사다리를 따라 이동하기 (좌표로 이동하기 사용)	
목적지에 닿으면 '스테이크' 신호 보내기	'스테이크' 신호를 받으면 모양 보이기

✖ 화면 구성

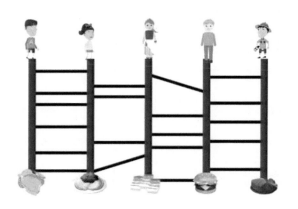

- '사다리 타기' 오브젝드와 사람 5명, 노착지에서 만나게 될 오브젝트 5개가 필요합니다.
- 도착지에 반드시 사물 오브젝트가 있을 필요는 없으며 글 상자로 해당 사항을 만들어도 됩니다.

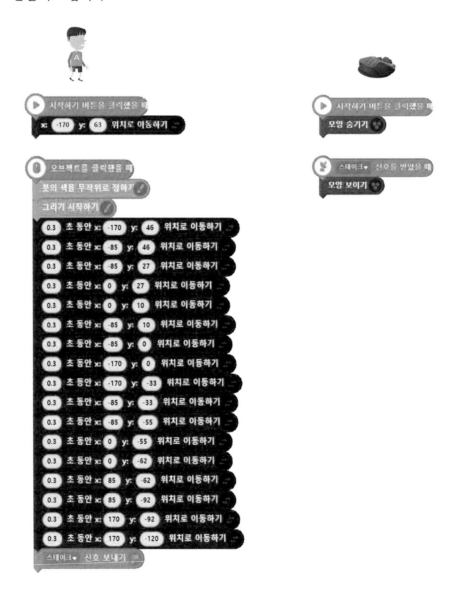

✖ 프로그램 보완 수정 개선

- 게임 사용에서 불편한 점을 생각해보고 개선점을 찾아봅시다.
- 더 재미있는 게임을 만들 수 있는 방법은 무엇인지 토의해 봅시다.

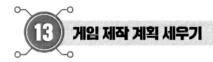 **게임 제작 계획 세우기**

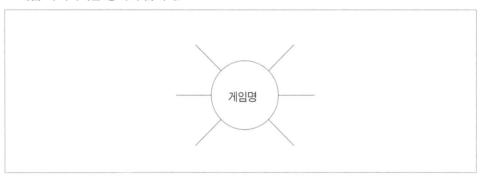 엔트리를 활용하여 재미있는 게임을 만들어 봅시다.

✖ 만들고 싶은 게임의 형태와 아이디어를 토의해 봅시다.

미션 해결형	점수 달성 /시간 제한	무작위 당첨	기타

✖ 게임 아이디어를 정리해 봅시다.

게임명

✖ 게임 규칙을 토의로 정하여 봅시다.

✖ 게임 화면과 오브젝트 구성을 계획해 봅시다.

✖ 게임에 사용할 오브젝트별 코딩 전략을 세워 봅시다.

🤖 엔트리를 활용한 게임 만들기를 계획하고 발표해 봅시다.

게임 이름	
개발팀 이름	
역할 분담	
준비물	
게임 규칙	게임 순서나 규칙을 알기 쉽게 설명해 봅시다.
게임 화면	어떤 모양의 화면을 계획하고 있나요?
이 게임의 좋은 점	이 게임이 어떤 점에서 유익한가요?
친구들의 반응	우리 팀의 개발 계획에 대한 친구들의 생각은 어떠한가요?
더 생각할 점	다른 팀의 발표를 듣고 난 후 달라진 생각이 있다면 적어봅시다.

14 **게임을 만들고 수정하기**

모둠이 협동하여 게임을 제작하고 사용설명서를 만들어 봅시다.

게임 이름	
소요 시간	
규칙 설명	게임 순서와 규칙
화면 구성	화면 살펴보기
제작과정에서 힘든 점	건전하고 즐거운 게임을 위해 주의할 사항
아이디어 확장	이 게임을 활용하는 상황, 규칙 바꾸어 보기

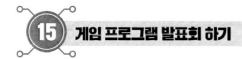

15 게임 프로그램 발표회 하기

다른 팀들의 게임 발표를 듣고 의견을 나누어 봅시다.

✖ 여러 팀의 산출물에서 새로운 아이디어 발견하기

- 팀별 발표 후 질문과 응답의 시간을 갖고 각자의 아이디어를 확장하는 기회를 갖습니다.
- 좋은 점과 아쉬운 점을 함께 생각해보게 하여 학생들의 비판적·분석적 사고를 돕습니다.
- 다른 팀의 발표 내용을 경청하고 자신의 생각과 비교해보도록 합니다.

✖ 클라우드 펀딩

- 클라우드 펀딩 활동을 통해 아이디어에 대한 투자금 모으기를 합니다.
- 모둠별 아이디어에 대해 100원~1000원까지 펀딩합니다.
- 펀딩금 100원당 쿠폰 1개와 바꿀 수 있도록 하였습니다.

다른 팀들이 만든 게임을 활용해보고 평가해 봅시다.

팀 이름		제 점수는요	☆☆☆☆☆
게임 이름			
좋은 아이디어			
아쉬운 점			

✖ 많은 외부평가자가 참여하는 평가

- 학급 안에서 교사·학생 평가만 이루어지기보다는 외부평가자가 많이 참여할수록 좋습니다.
- 많은 사람들의 반응을 얻을수록 자기 작품에 대한 객관적인 안목이 생깁니다.
- 외부평가자는 평가 영역이나 학생들과의 관계를 고려하여 객관적인 평가자를 정합니다.

✖ 일정기간 동안 결과물 전시하기

- 가장 많은 별을 모은 팀에게 적절한 보상을 제공하여 학생들이 즐거움을 느끼도록 합니다.
- 시연회와 발표회로 끝나는 것이 아니라 일정 기간 동안 학생들의 작품을 홈페이지(학급 밴드)에 게시하거나 엔트리 사이트에 공유하여 자신들이 만든 작품에 대해 보람을 느끼도록 합니다.

게임 만들기 활동의 전 과정과 결과를 돌이켜보고 평가해 봅시다.

✄ 러닝로그

- 프로젝트 학습장(러닝로그)를 활용하여 자신의 학습 과정에 대한 성찰을 돕습니다.
- 학생들의 러닝로그를 교사의 관찰과 함께 평가 자료로 활용합니다.
- 참고자료: https://blog.naver.com/dulcinea012/222039623376

✄ 자기 상호 평가지

- 평가 준거별로 우리팀 동료평가(회색 칸)와 자기평가(흰색 칸)를 구분하여 기록합니다.
- 자신의 주관적 평가와 친구들의 객관적 평가를 비교해볼 수 있습니다.
- 평가 결과를 수량화하지 않고 앞으로의 활동 개선을 위한 자료로 활용하도록 합니다.

평가요소	평가 준거		
	상	중	하
프로그래밍 활동	나의 프로그래밍 지식과 기능을 창의적으로 활용하면서 활동에 도전하였다.	지식과 기능을 활용하였지만 새로운 상황으로 발전시키기는 어려웠다.	프로그래밍 지식과 기능을 활용하는데 어려움을 겪었다.
참여와 태도	프로젝트 전 과정에 적극적으로 참여하고 자신의 역할을 열심히 하였다.	프로젝트 과정에 빠짐없이 참여하였으나 역할 수행에서 노력이 다소 부족했다.	프로젝트 활동에 소극적으로 참여하고 제 역할을 하지 못했다.
흥미와 관심	자신의 관심과 적성에 따라 능동적으로 주제와 활동을 선택하였다.	대체로 친구들의 권유와 의견에 따라 주제와 활동을 선택하였다.	나의 의지와 상관없는 선택이었고 활동에 주도적으로 임하지 못했다.
산출물 제작	모둠원과 협력하여 엔트리를 활용한 창의적인 게임을 계획하고 완성하였다.	엔트리를 활용하여 게임을 계획하였으나 완성도가 다소 미흡하다.	계획에서 완성까지 협력과 노력이 다소 부족하여 게임을 완성하지 못했다.
경청과 평가	다른 팀의 발표를 귀 기울여 듣고 게임의 장단점을 분석할 수 있었다.	다른 팀의 발표를 들었으나 특별한 점을 느끼지 못했다.	다른 팀의 발표에 귀 기울이지 못했고 장단점을 분석할 수 없었다.
기본 생활습관	프로젝트 활동을 계기로 건전한 게임과 놀이 활동을 하게 되었다.	프로젝트 활동 과정에서 나의 생활 습관을 되돌아보게 되었다.	프로젝트 활동이 나의 생활 습관에 영향을 준 것은 없었다.
프로젝트 탐구를 통해 성장한 것			
우리 팀 별점			
선생님 총평			

4장
언플러그드 활동

　　프로그래밍 활동이 어렵다면 교과와 연계하여 원하는 프로그램을 창의적으로 설계하거나 문제해결 절차를 구안하는 언플러그드 활동을 대체할 수 있습니다. 언플러그드(unplugged)는 말 그대로 '컴퓨터를 사용하지 않는' 컴퓨팅 학습 활동이지만, 언플러그드 활동만으로도 교육과정 성취기준을 충분히 달성할 수 있습니다. 어떤 문제를 해결하는 절차의 집합을 '알고리즘'이라고 하지요. 소프트웨어교육에 가장 많이 등장하는 알고리즘 중 하나가 '라면 끓이기'입니다. 라면 끓이기뿐 아니라 자신의 생활에서 무언가를 판단하거나 결정해야 할 때, 문제를 해결할 순서를 정할 때, 학생들이 그 과정을 순서로 만들어 알고리즘을 구안하게 하는 기회를 제공하는 것도 좋습니다.

✦ 〈학습 주제의 예〉

- 얼마 전에 싸운 친구와 화해하려고 한다. 어떻게 할 것인가?
- 오늘 내가 해야 할 일이 다섯 가지나 된다. 어떤 순서로 처리하면 좋을까?
- 모둠 토의 순서를 정해보자.
- 삼각형이나 사각형 분류하기 순서를 정해보자.
- 주어진 식물카드를 모두 분류할 수 있는 순서를 정해보자.
- 내가 쓴 일기를 시로 바꾸는 방법을 생각해보자.
- 음악책에 있는 동요를 학급송으로 바꾸는 방법을 생각해보자.

알고리즘 만들기 활동이 적절히 선행되면 학생들의 절차적 사고를 높일 수 있습니다. 엔트리나 스크래치와 같은 블록 형 프로그래밍 활동에서 알고리즘 구상 단계를 거치지 않고 프로그래밍을 할 때 학생들은 절차적 사고를 거치지 않고 무작정 따라하기 쉽습니다. 블록을 이것저것 가져와서 맞추어보고 좋은 결과를 얻기도 하지만 비슷한 프로그램을 재현하지 못하는 경우도 있습니다. 여건이 된다면 블록타임을 구성하여 절차적 사고를 깊이 있게 경험하도록 하는 것이 좋습니다.

문제 해결 알고리즘을 구성하기 위해 자석이나 벨크로 테이프를 이용한 순서도 카드를 사용해보았습니다. 이 활동은 간단한 형태지만 내용과 수준에 따라 가용성과 확장성이 높다는 장점을 가집니다. 처음에는 절차가 적힌 카드를 제공하여 순차·반복·선택(조건, 분기) 구조를 활용하여 알고리즘을 완성해보게 하고, 알고리즘 구성에 익숙해지면 빈 카드를 제공하여 문제해결에 필요한 알고리즘을 직접 생성하는 형태로 발전시킬 수 있습니다. 순서도 만들기는 수업 집중도가 전반적으로 높았지만, 해결 방법이 창작 형일 경우 어려움을 겪는 학생도 있었습니다. 교사가 기본 절차 카드와 빈 카드를 함께 제공하면 학생들이 토의하여 필요한 절차를 가감하도록 하는 것도 하나의 대안이 될 수 있습니다.

학년	교과	단원	활용예시
5학년	국어	10. 글쓰기의 과정	글쓰기의 절차를 순서도 카드로 정렬해보기
		3. 토론을 해요	토론의 절차를 순서도 카드로 정렬해보기
	실과	5-2. 건강간식 만들기	건강간식의 완성 과정을 순서도 카드로 나열하기
6학년	국어	4. 면담하기	면담의 절차를 순서도 카드로 만들 계획하기
	사회	4-3. 함께 해결하는 지구촌 문제	지구촌에서 발생하는 문제들을 알고 이를 해결할 수 있는 방안 설계하기

시작, 끝

처리, 계산

선택

값의 인쇄

카드 모양과 색깔을 정하여 시작,
처리, 선택, 출력 카드에 문제해결에
필요한 내용을 적는다.

처음에는 교사가 문제 해결을 위한 절차를 제시하고
학생들이 순서를 조합하여 순차, 반복, 선택 구조의
알고리즘을 만들어보게 한다.

⇩ 학생들이 순서도 처리 기호나 알고리즘
만들기에 익숙해지면

교사가 해결 주제를 제시하고 학생들이 필요한
절차를 구안하여 직접 카드를 구성하고 순서를
조합하여 알고리즘을 만들어보게 한다.

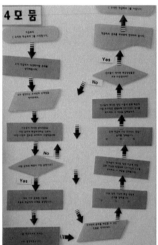
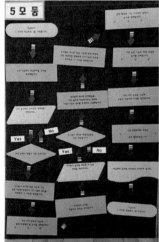

　수학 교과에서는 수학적 정의에 따른 절차대로 문제를 해결하여 정확한 결과물
을 빨리 얻는 쪽이 이기는 보드 게임을 진행할 수 있습니다. 보드판(말판), 미션 카
드(문제), 미션해결 워크북(활동지)을 제공하여 학생들이 흐름(길)을 따라가면서 말

이 옮겨가는 곳에 놓인 미션카드를 뽑고 자신의 미션해결 워크북으로 가져와 문제를 해결합니다. 사실 보드판 제작이 쉽지 않기 때문에 저자는 일러스트 저작물을 구입하여 편집하였습니다. 교사학습공동체 활동으로 선생님들이 재미있는 보드판과 캐릭터 그림 파일을 함께 만들고 원하는 형태의 보드판을 유연하게 구성할 수 있도록 파일 형태의 자료세트를 갖추어두는 것도 좋을 것 같습니다.

순서도 카드가 알고리즘 구안에 중점을 둔다면, 미션보드 게임은 알고리즘 과정을 따라가면서 문제를 직접 해결하는 체험 활동에 중점을 둡니다. 미션보드 게임은 게임 방식에 따라 다음과 같이 이름 지어 보았습니다. '절차형'과 '창작형'은 순차구조만 사용한 것으로, 주어진 명령어만 수행하면 문제해결이 가능한 것이 절차형, 자신의 아이디어를 투입했을 때 산출결과를 얻게 되는 형태를 창작형으로 구분하였습니다. '종합형'은 선택구조를 활용한 것으로 미션 카드를 선택하거나(Yes) 그냥 지나가는(No) 과정을 거치면서 결과물을 얻어가는 방식입니다. '발전형'은 한 단계에서 주어진 미션을 해결하면 다음 단계로 올라가는 레벨 업 방식입니다.

절차형	창작형	종합형	발전형
일련의 해결 과정을 거쳐 문제가 요구하는 해답 도출하는 형태	해결 과정에서 자신의 전략을 투입하여 결과물을 완성하는 형태	선택과 버림의 과정을 통해 필요한 것을 수집하여 완성하는 형태	한 단계의 미션을 성취하고 나면 다음 단계로 가는 형태
소수의 나눗셈, 분수의 덧셈, 약수·배수 구하기	동시 짓기 동요(가락) 짓기	건강식단 구성하기	산업 발전 게임

학년	교과	단원	활용예시
5학년	수학	1. 약수와 배수	약수와 배수, 공약수와 공배수 찾기
		4. 분수의 덧셈	분수의 덧셈 문제해결하기
	사회	3-2. 우리경제의 성장과 발전	경제성장 과정 및 산업 발전단계 이해하기
6학년	수학	3. 소수의 나눗셈	소수의 나눗셈 해결하기
	음악	8-1. 나도 작곡가	창작한 가락을 오선보에 나타내고 악기로 연주하기

분수의 덧셈과 뺄셈, 공약수와 최대공약수 구하기, 소수의 나눗셈 과정을 체험하는 활동은 계산 원리를 이해하면서 느리지만 정확하게 해결하는 경험을 제공할 수 있습니다. 발달 단계에 맞지 않는 선행학습 때문에 원리를 모르고 기계적으로 계산하거나 원리를 생각하는 것을 귀찮아하는 학생들이 많습니다. 때문에 절차를 세분화하여 말로 표현하거나 식으로 표현하는 활동을 해볼 필요가 있습니다. 학생들이 큰 부담을 느끼지 않는 선에서 활동 목적을 알려주고 학생들의 특성을 살려 적절히 구안하면 좋겠습니다. 선행학습 정도나 흥미에 관계없이 누구에게나 의미 있는 활동을 제공하는 자료를 만든다면 더욱 좋겠지요.

〈절차형〉 절차대로 진행하여 문제 해결하기

〈창작형〉 절차에 따르되 사용자의 아이디어를 투입하여 문제 해결하기

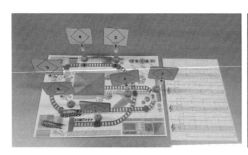 

〈종합형〉선택 구조에서 각 단계의 절차를 선택/버림으로 결과 만들어 가기

 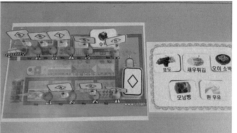

〈발전형〉한 단계의 미션 종료 후 다음 단계로 나아가기

 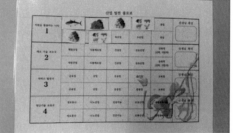

　보드게임 활동에 대한 학생들의 반응은 대체로 긍정적이었는데, Yes/No 흐름이 나뉘는 도로 분기점에서 길이 끊어지는 느낌을 받았다며 어느 길로 가야 할지 혼선을 겪는 학생들이 있었습니다. 어른들이 보기에 대수롭지 않는데 아이들은 그림의 작은 부분에도 무척 민감하게 반응하였습니다. 때문에 어른들의 눈높이보다 더 세심하게 준비해야겠다는 생각이 들었습니다. 절차에 따라 미션을 수행하고 난 팀은 선생님이 직접 만든 앱으로 정답을 확인시켜 주자 학생들이 매우 신기해하면서 수업 후반의 집중도가 급상승하기도 했습니다.

엔트리 프로그래밍 활동에 앞서 타임라인 만들기 활동을 해볼 수 있습니다. 오브젝트별 타임라인에 명령어블록을 부착하면서 실행 순서와 오브젝트 간 상호작용(신호보내기)을 가시화하는 활동입니다. 이 활동은 순식간에 진행되는 프로그램의 절차를 분해하여 생각할 수 있게 하고, 특히 학생들의 눈에 보이지 않는 신호보내기 블록이 실행되는 원리를 이해하기 좋습니다. 엔트리 블록과 같은 색 계열의 시작, 흐름, 움직임, 모양, 그리기, 소리, 판단, 계산 블록을 제공하고, 명령어를 학생들 스스로 기입해보도록 합니다. 초등학교에서는 자료(변수, 리스트)블록과 함수 블록은 거의 사용하지 않기 때문에 모양 바꾸기와 움직임, 그리기와 소리내기 블록을 위주로 구성하면 좋겠습니다.

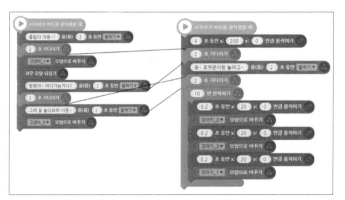
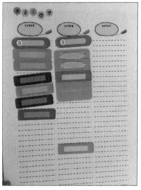

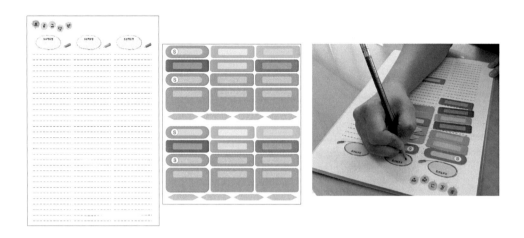

　사회 교과에서 역사적인 사건 재현하기, 국어 교과의 뒷이야기 상상하여 꾸미기, 실과 교과의 스마트 제품 작동 과정(해 지면 빛나리, 해 뜨면 멜로디 등)을 엔트리로 구현할 때, 장면 시나리오를 만들고 이것을 오브젝트별 타임라인에 순서화시켜보는 활동을 하면 학생들의 절차적 사고와 엔트리의 문법에 대한 이해를 도울 수 있습니다. 수업을 운영할 때 다양한 컴퓨팅 활동을 이것저것 제공하기보다는 하나의 주제를 정하여 깊이있는 체험을 제공하는 것이 효과적이며 질 높은 체험을 위해 연차시 이상의 충분한 시간을 할애하는 것이 좋습니다.

학년	교과	단원	활용예시
5학년	사회	1-4. 삼국통일과 발해의 건국	삼국 통일의 과정을 나타내는 애니메이션 구안하기
		3-4. 임진왜란과 병자호란	양난의 극복과정을 엔트리로 구현하기
	실과	4-1.창의적인 제품 만들기	자신이 발명하고 싶은 제품의 작동과정을 표현하기
6학년	사회	2-4. 나라를 되찾기 위한 노력	나라를 되찾기 위한 노력과 과정을 엔트리로 나타내기
	실과 실과	2. 생활 속의 동식물 이용	동식물을 가꾸는 창의적인 제품 기능을 순서도로 표현하기
		2. 로봇의 이해	간단하게 움직이는 로봇을 엔트리로 프로그래밍 하기

　저자는 어릴 때 가지고 놀았던 레고 블록을 학부모로부터 기증받아 유용하게 활용하였습니다. 레고 블록은 끼우기 형태이므로 색자석판보다 더 블록에 가까운 느

낌을 줍니다. 레고처럼 끼워 넣을 수 있는 언플러그드 활동 교구가 있으면 좋겠다는 생각에서 활용해보았습니다. 비트브릭이나 아두이노를 활용한 제품을 만들 때도 레고 블록을 사용하면 학생들의 만들기 부담을 크게 줄이면서 산출물을 만들 수 있습니다.

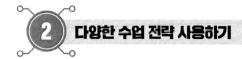

2 다양한 수업 전략 사용하기

✖ 학생의 발달단계 고려하기

초등학생은 교과 내용을 직접적으로 설명하여 가르치는 것보다 학생들의 삶과 관련지어 흥미와 관심 영역에 교과를 연결해 주는 방식이 적절하다고 말합니다. 이는 초등학생 시기의 학생들이 다음과 같은 발달 특성을 지니기 때문입니다.

지각적 추리	자신의 경험세계에 기반한 직관적 사고
집중화 경향	한 가지 특징을 고려할 때 다른 특성은 제외됨
동작 기억	감각을 통한 행위 수준에서 사물과 사건을 이해
자기중심성	모든 사물을 자신의 관점에서 파악
구체성	구체적인 사물이나 사건에 대한 직접적인 경험으로 이해
통합성	인지적 측면과 정의적 측면이 구분되지 않는 정서적 사고의 특징
개인적 접근	친밀하고 애착을 갖고 실감할 수 있는 대상에 관심

스위스의 심리학자 Piaget에 따르면 구체적 조작기에 해당하는 초등학생은 구체물을 통해 사물 간의 관계를 관찰하여 분류하고 순서화하는 능력이 생기며, 고학년이 되면서 자아중심적 사고에서 벗어나 다른 사람의 관점을 이해하거나 추상적인 사고를 하기 시작합니다. Piaget가 아동 스스로 자신의 세계를 구성해나가는 존재로 본다면 구소련의 교육심리학자 Vygotsky는 타인과의 관계에서 영향을 받으며 성장하는 사회적 존재임을 강조하지요. 학생들의 발달은 자신보다 뛰어난 사람과의 상호작용을 통한 사회적 학습의 결과로 간주됩니다. 현재의 발달 단계에서 더 성장할 수 있는 가능성의 영역을 '근접발달영역(ZPD)'이라고 하는데, 혼자서는 해결할 수 없지만 적절한 조력을 받으면 성공할 수 있는 잠재영역입니다. 따라서 교사는 학생들의 근접발달 영역을 파악하여 실제적 발달 수준을 높일 수 있는 조력을 제공할 필요가 있습니다.

✖ 학습 동기와 흥미 부여하기

Keller의 학습동기이론은 ARCS로 잘 알려져 있는데 미국의 교육학자 Keller가 1979년 소개한 이론입니다. Keller는 사람들의 행동 지향성과 강도를 결정하는 주요 요인으로 '동기'를 제시하며 이를 4가지 범주에서 설명합니다.

A(Attention) 주의 집중	• 학습의 선수 조건으로 학습에 대한 호기심과 관심을 유발하고 유지시키는 것 • 교수 자료의 제시 방법을 다양화하고 구체적인 예를 제시할 것 • 학생들에게 익숙한 경험과 생소한 경험을 동시에 제시할 것
R(Relevance) 관련성	• 왜 공부해야하는가에 대한 해답을 제시함으로써 학습의 필요성을 가치에 관련시킴 • 학생의 흥미에 부합하면서 의미 있고 가치 있는 것 • 학생들의 흥미와 관심사에 기초한 실제 경험에 관련된 것
C(Confident) 자신감	• 성공에 대한 자신감과 긍정적인 기대를 갖게 하는 것 • 학습목표를 분명하게 일러주고 난이도에 따라 수준별로 학습과제를 계열화할 것
S(Satisfaction) 만족감	• 수행 결과에 대한 긍정적 피드백을 주는 것 • 꾸준한 강화를 통해 자기 통제를 할 수 있도록 도울 것 • 과제에 대한 외재적 보상보다는 지속가능성이 높은 내재적 보상으로 독려할 것

SMART 학습법은 단순히 디지털 자료와 기기를 활용한 수업이 아니라 학생이 자기주도적으로 자기 수준과 적성에 맞는 자료와 적절한 정보기술을 활용하여 학습하는 방법입니다. 학생들 스스로 자기 학습의 과정에 필요한 정보를 적시적소에서 얻고 보다 적극적으로 지식을 구성해 나가도록 돕는 것입니다. 이러한 취지에서 기존 교과서의 한계를 뛰어넘어 학생들이 필요로 하는 정보를 즉각적으로 제공하는 디지털교과서가 제공되고 있습니다.

S (Self-directed)	스스로 원하고 공부하는 자기주도적 학습 추구
M (Motivated)	학습 동기를 부여하여 학습자의 흥미로운 학습 지원
A (Adaptive)	학습자의 수준과 적성에 맞는 맞춤학습 방법 지원
R (Resource-enriched)	풍부한 자료로 재미있게 학습하는 환경 조성
T (Technology embedded)	정보 기술을 활용한 디지털솔루션으로 효과적인 학습 지원

✖ 실물 및 매체 활용하기

구체적 조작기에 해당하는 발달 단계를 고려하면 초등학교에서는 다양한 구체물과 체험 중심의 교육을 해야 합니다. 손과 손가락의 소근육을 사용해서 직접 맞추고, 분리하고, 재배열하는 등 여러 가지 방법의 조작놀이가 필요합니다. 학생들은 문제를 끊임없이 탐색하고 어려움을 극복하는 과정에서 집중력과 지구력을 키우게 되고 자신감과 자율성도 발달합니다. 교사는 개념도나 마인드맵과 같은 그래픽 조직자(graphic organizer)를 이용하여 주요 개념을 그림으로 나타내어 사고의 흐름을 드러내면서 학습의 구조화를 이끌어낼 수 있습니다. 특히 글과 그림으로 자신의 생각을 표현하는 그림 사고기법(visual thinking)은 글과 이미지를 통해 학생들의 사고과정을 체계화하고 이해력을 키우는 방법으로 많이 활용됩니다.

✖ 협동학습

협동학습은 소집단을 형성하여 구성원 사이의 상호작용을 통해 공동의 목표를 달성하도록 하는 학습법입니다. Vygotsky의 사회적 구성주의에 기반한 접근으로, 학생들의 긍정적인 상호의존과 협력을 중시하고 집단 구성원 개개인의 책임을 강조합니다. 학생들은 문제 해결을 위해 협동하는 과정에서 사고와 경험의 폭을 넓히면서 배려와 이해, 의사소통능력을 배우는 기회를 가집니다. 따라서 인지·정의·심동적 영역에서의 고른 발달을 돕고 경청, 존중, 배려, 협력 등과 같은 인성 요소뿐 아니라 다양성, 융통성, 문제해결력 등의 창의성 요소를 학습하는 데 유용한 학습 방법으로 활용되지요. STAD 모형에서는 학습 평가와 보상을 통해 모둠 성취도를 높이기도 합니다.

✖ KWL 스토리텔링형 학습

KWL 학습법은 어떤 주제에 대하여 내가 알고 있는 것(Know), 새롭게 알고 싶은 것 (Want), 알게 된 내용(Learn)을 정리해보는 활동입니다. 이미 알고 있는 지식을 명확히 인지하게 하고, 그것을 넘어선 학습의 확장을 위해 더 필요한 정보를 스스로 찾아보게 하여 메타인지를 향상시키는데 도움을 줍니다. KWL 차트는 거꾸로 학습법, 과정중심 평가, 러닝 로그, 독서 기록장 등 다양한 영역에서 활용되고 있습니다.

✖ TPS 기법

Think-Pair-Share 기법은 학생 개인이 생각한 것을 짝과 나누고, 전체 학생들 앞에서 발표하고, 다 함께 토의하는 과정을 통해 사고를 확장시켜가는 방법입니다. 어떤 문제를 인식하거나 해결과정을 모색하기 위해 자기 생각을 정리 한 후, 자기표현과 상호작용을 거치면서 의견을 정교화시키거나 생각의 폭을 넓혀가는 방식이지요. 혼자 생각해보고, 짝과 이야기해보는 단계에서 자기 생각을 말하는 능력을 촉진할 수 있고, 동료나 교사와의 상호작용 과정에서 반성적 사고를 키우기 위해 활용되는 토론기법입니다.

Think (개인 활동)	• 문제에 대해 혼자서 자료를 찾거나 읽고 생각하는 단계 • 자신의 생각을 체계적으로 정리하여 조리 있게 말하기 위한 준비
Pair (짝 활동)	• 짝에게 자신의 의견을 표현하고 피드백 얻기 • 짝의 의견을 듣고 자신의 생각 돌려주기
Share (전체 활동)	• 반 전체를 대상으로 자신의 의견을 발표 • 학생의 의견에 대한 교사의 피드백 제공

✖ STEAM

STEAM은 과학(Science), 기술(Technology), 공학(Engineering), 예술(Art), 수학(Math) 분야의 지식과 개념을 융합적으로 이해하여 이를 실생활에 적용하거나 실생활의 문제 해결력을 기르기 위한 학습 방법입니다. 과학과 기술공학적 지식을 기반으로 문제해결 과정을 창의적으로 설계하여, 결과물에 대한 지적만족감이나 성취감 등의 긍정적인 감성을 체험하도록 합니다. 수학이나 과학 지식의 활용이 포함되지 않은 것은 STEAM에 해당되지 않으며, 융합의 원리에 따라 주제중심, 요소중심, 개념중심, 문제해결 중심 형으로 나뉘기도 합니다.

상황제시	• 학생이 문제에 대한 필요성을 인식하는 단계 • 자신의 실생활과 연계하여 문제 상황을 이해
창의적 설계	• 문제해결을 위한 다양한 방법을 설계 • 구체적인 결과물을 만들어내는 동안 아이디어를 실현
감성적 체험	• 문제해결에서 오는 성공의 경험, 반성, 서로 다른 생각들을 공유하는 단계 • 성찰과 개선을 통해 새로운 도전 목표를 세우기도 함

✖ PCK (Pedagogical content knowledge)

PCK란 학생들에게 가르칠 내용을 가장 효과적으로 이해시킬 수 있도록 '교과 내용을 가르치는 방법에 관한 지식(교수학적 지식)'을 말합니다. 이 용어는 Shulman이 처음 사용한 것으로, 교수학적 지식은 교과내용 지식, 교육과정 지식, 교수법 지식, 학습자에 대한 지식, 학교 교육 상황과 교육목적에 대한 지식 등을 포괄합니다. 이후 Cohran은 PCK 구성요소로 교과내용 지식, 교수법 지식, 학습자 지식, 맥락에 관한 지식을 들었고, Magnusson은 교사의 수업 지향점, 교육과정 지식, 평가지식, 교수전략에 대한 지식, 학생들의 교과내용 이해도에 대한 지식을 꼽기도 하였습니다. PCK는 교사로서 갖추어야 할 내용과 방법에 대한 전문성을 가리키는 말입니다. 교사는 교육과정 문해력을 바탕으로 정확한 핵심 내용을 포함하되 학생들의 능력과 수준에 따라 학습내용을 재구성할 수 있어야 하며, 정의, 단서, 시범 등 다양한 학습 방법을 사용하여 학생들의 이해를 촉진하고 학생들이 기존 지식에 새로운 지식을 연결지어갈 수 있도록 도와야 한다는 것을 의미합니다.

✖ 액션 러닝 기법

액션러닝(Action Learning)은 '행동을 통해 배운다(learning by doing)'는 원리에 기초를 두는 학습기법입니다. 실생활에서 발생하는 문제(Real problems)를 해결하기 위해 4~5인의 공동 학습(Team Learning)으로 다양한 아이디어를 도출하여 적용하는 과정을 강조합니다. 액션러닝의 구성요소는 연구자에 따라 다양하게 제시되나, 일반적으로 조지워싱턴 대학교 Marquardt 교수의 모델이 가장 설득력을 얻고 있습니다. Marquardt에 따르면 액션러닝은 과제, 팀 학습, 촉진자, 질의와 성찰, 실행 전

략, 학습 몰입의 여섯 가지 요소로 이루어지며, 이를 위한 다양한 전략도 제시되고
있습니다.

아이디어 풀 (idea pool)	• 문제를 해결하는 방법과 표현을 모두 모아서 중복된 것을 정리하고 적절한 것을 선정하는 방법

브레인 스토밍
(brain storming)
	• 아이디어 연쇄반응 기법
	  -비판과 판단금지, 질보다 양, 결합과 개선, 자유분방한 사고
	  -가지치기→아이디어 그루핑→아이디어 정의→우선순위 정하기

마인드 매핑	• 주제를 중심으로 방사형으로 아이디어를 보충해가는 도해 기법
친화도 (affinity diagram)	• 검토와 분석을 위해 많은 아이디어를 몇 개의 그룹으로 분류하는 방법 • 카드나 포스트잇을 정리하는 과정에서 공통된 패턴을 확인하는 방법

NGT 활동하기	• 적절한 아이디어를 선택하고 순서를 정하여 정리하는 활동
	• 명목그룹기법(Nominal Group Technic): 감정적 이슈를 다루거나 그룹 내의 영향력 있는 사람의 목소리를 중립화시키고 참가자 모두의 동등한 목소리를 듣기 위해 사용하는 방법
	  -당면한 문제에 대한 각자의 아이디어를 명확히 제기(토론이나 대화 금지)
	  -아이디어별로 구성원 각자 순위를 정하여 서열화하고 점수 부여
	  -점수를 합산하여 합계가 높은 순으로 최종 서열화

5WHY 검증	• Why 질문을 5회 이상 반복함으로써 문제의 근본 원인을 찾기 • 해결 방법이 알맞은지 더 나은 것은 없는지 개선할 점 등을 판단하는 활동
만일 그래프	• "내가 만약 ( ) 약속을 지킨다면/약속을 지키지 못한다면" 등의 형태 • 여러 입장에서 해결 방안을 제시해보는 기법

✖ 블렌디드 러닝 기법 활용

블렌디드 러닝(blended learning)은 학생들의 학습 효과를 극대화하기 위해 온라인과 오프라인 교육을 비롯한 다양한 학습 방법을 칵테일처럼 혼합하는 것입니다. 혼합형 학습, 하이브리드 학습, 혼합 모드 지도법(mixed-mode instruction)[9] 등으로 불리며, 자료의 형태는 물론 학급 누리방, 밴드 등 온라인 학습 전략에 오프라인 방식을 보완하거나 그 반대의 경우 등으로 다양하게 운영됩니다. 학생들이 시간과 장소의 구애 없이 자기 학습의 순서와 속도를 결정하여 주도적인 학습을 해나갈 수 있는 학습 형태를 지향하는 것이지요. 학습 효과를 극대화하고 교육 시간과 비용

---

9) 네이버 지식백과 인용

을 절감하는 한편, 코로나19 상황에서와 같이 대면수업(face-to-face learning)이 어려운 여건에서 크게 주목받는 방법이기도 합니다.

✖ 다중지능이론

Gardner의 다중지능 이론(multiple intelligence)은 지능이 높은 아동이 모든 영역에서 우수하다는 종래의 단일 지능관에 대한 비판과 함께 등장하였습니다. Gardner에 따르면 인간의 지능은 단일 요인으로 설명될 수 있는 것이 아니라 서로 독립적인 다수의 능력요인으로 구성되어 있습니다. 언어지능, 논리-수학지능, 시각-공간지능, 음악지능, 신체운동지능, 대인관계지능, 자기성찰지능 및 자연탐구지능이 그 하위 요인을 이룬다고 하지요. 따라서 모든 사람들은 각자의 발달된 지능에서 다양한 강점을 갖기 때문에, 개개인의 학생이 지닌 지능을 고려한 맞춤형 학습 방법이 제공될 필요가 있음을 시사합니다.

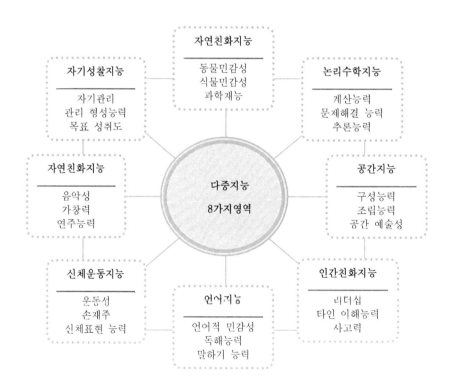

✘ 하브루타 학습방법

하브루타(Havruta)는 '친구'를 의미하는 히브리어인 '하베르'에서 유래되었습니다. 두 명씩 학습의 동반자로 짝지어 상호 질문을 주고받으면서 함께 배움을 만들어 가는 유대인 전통 학습법으로, 국어 교과를 비롯한 많은 수업에서 적극 활용되고 있습니다. 끊임없는 질문과 답변으로 학습 내용과 방법을 정하기도 하고 스스로 문제를 해결해나가도록 돕는 것이지요. 하브루타식 학습에서 부모나 교사는 학생이 궁금한 점에 대해 부담 없이 질문할 수 있는 환경을 조성하여 함께 토론을 이어가되, 즉답을 제공하지는 않습니다. 문제해결 과정을 통해 새로운 지식을 체득할 수 있도록 조력자나 촉진자로서 역할을 다하는 것입니다. 하브루타는 학생들이 배움에 집중하면서 자신의 사고를 정교화하고, 논리적인 논쟁으로 자기 생각을 명료하게 정리하는 기회를 제공합니다. 또 타인과의 질의응답에 경청하고 반응하는 과정에서 의사소통과 상호존중, 사고의 다양성과 확장을 경험하는 학습 방법으로도 인정받습니다.

삶 을 가 꾸 는

프로젝트 성장 기록

학 교	
학 반	
팀 이름	
이 름	

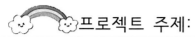프로젝트 주제: _____

◆ 팀 친구들: _____

◆ 팀 구호: _____

◆ 프로젝트 활동 달력

월	화	수	목	금

🌸 팀 이름 정하기

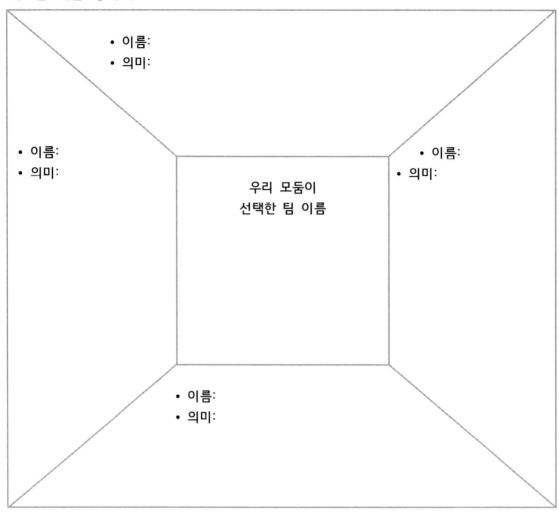

- 이름:
- 의미:

- 이름:
- 의미:

- 이름:
- 의미:

우리 모둠이
선택한 팀 이름

- 이름:
- 의미:

🌸 우리 팀원들이 추구하는 가치를 한마디로 말하면

 **프로젝트 활동을 계획해봅시다.**

도전 주제 찾기

☆ 팀원들의 의견을 모아 도전 주제를 정의하여 봅시다.

☆ 우리 팀 도전 주제와 범위를 정해 봅시다.

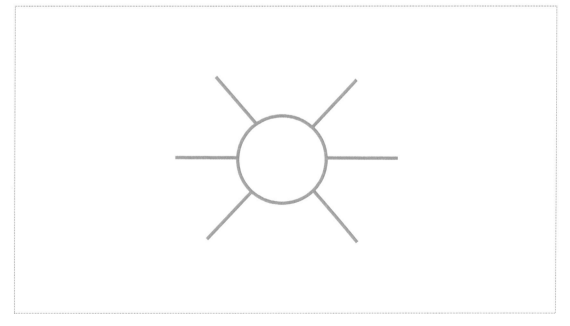

☆ 우리 팀의 결과물을 위해 어떤 정보가 필요한지 생각해봅시다.

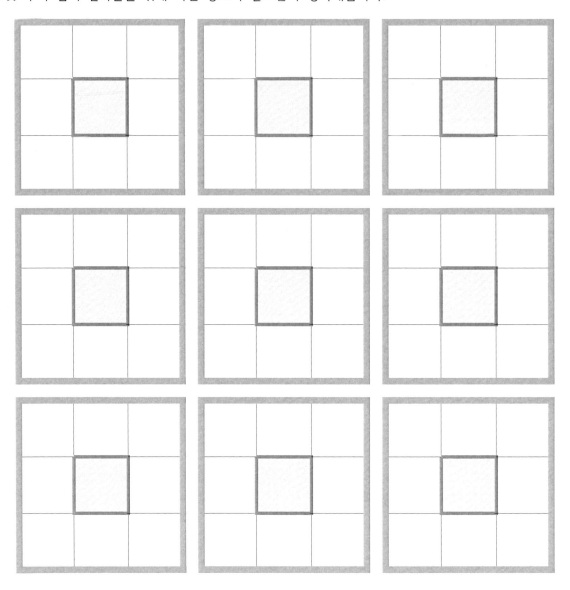

역할 분담

☆ 산출물 완성을 위해 역할을 분담해봅시다.

☆ 산출물 완성을 위해 필요한 절차를 생각해봅시다.

☆ 산출물에 필요한 자료를 정리해봅시다.

계획 발표하기

탐구 주제		
탐구 방법		
탐구 일정	순서/날짜	탐구 내용
역할 분담	이름	역할
우리팀의 전략		

🌱 프로젝트를 시작하며...

 **이란**

어떤 일을 충분히 해낼 수 있다는 신념과 태도를 가지고 있는 것

-행복카드 중에서

우리가 생각하는 '자신감'이란?

날짜	계획	준비

오늘의 성장 기록

월 일 요일	시간	시작:		기록은 인간을 변화시키는 힘이다
		끝:		

오늘 하루 우리 팀은	우리에게 힘을 주는 한마디!		오늘의 가치 덕목		
	오늘 할 일			성공	노력
				성공	노력

성장! 배운 내용을 간략하게 적어두어 우리의 성장을 기록합니다. (중요한 단어나 내용을 요약해서....) | ☆ ☆ ☆

오늘 우리가 해낸 것

준비물 챙길 사항	

수업을 마치며	◆오늘 나의 아이디어는?	
	◆오늘 가장 감사/칭찬하고 싶은 팀원과 그 이유는?	
	◆내일 더 잘 해보고 싶은 것은?	

준비	몰입	존중·배려	과제·역할	발표·대화	새로운 생각	건강체력관리
1 2 3 4 5	1 2 3 4 5	1 2 3 4 5	1 2 3 4 5	1 2 3 4 5	1 2 3 4 5	1 2 3 4 5

감동, 감사, 결단, 겸손, 경청, 공감, 공정, 관용, 극기, 기쁨, 기여, 나눔, 노동, 노력, 미소, 배려, 배움, 사랑, 설성, 성찰, 신뢰, 신중, 실천, 양보, 여유

다른 팀들의 발표를 보고 평가해봅시다.

팀 이름				
제목				
짜임과 구성				
탐구 방법 혹은 전략				
새로운 아이디어				
작품의 가치				
아쉬운 점				
별점	☆☆☆☆☆	☆☆☆☆☆	☆☆☆☆☆	☆☆☆☆☆

프로젝트 활동의 과정과 결과를 돌이켜보고 자기 평가를 해봅시다.

평가요소	평가 준거		
	상	중	하
프로그래밍 활동	순차와 조건 구조를 이해하여 문제 해결의 과정에 전략적으로 사용하였다.	모둠원의 협력과 선생님의 조언으로 문제해결을 위한 프로그래밍을 완수하였다.	문제해결 절차를 구안하는 데 어려움을 겪었고 프로그래밍을 완수하지 못하였다.
참여와 태도	프로젝트 전 과정에 적극적으로 참여하고 자신의 역할을 열심히 하였다.	프로젝트 과정에 빠짐 없이 참여하였으나 역할 수행에 시 노력이 다소 부족했다.	프로젝트 활동에 소극적으로 참여하고 제 역할을 하지 못했다.
문제 해결 및 의사결정	해결해야 할 문제를 적극적으로 분석하여 관심 분야를 탐색하였다.	해결해야 할 문제에 대한 적극적인 분석과 탐색 노력이 다소 부족했다.	해결해야 할 문제의 원인과 해결에 대한 관심이 부족했다.
정보 활용능력 문제 해결을 위한 과학적 사고	다양한 자료수집과 조사를 통해 문제 해결 전략을 도출하였다.	자료수집과 조사를 하였으나 문제 해결과의 관련성이 다소 부족했다.	자료수집과 조사에 어려움을 겪었으며 문제 해결 전략을 수립하기 어려웠다.
도덕적 공동체의식	세계화 시대 인류가 겪고 있는 문제를 분석하면서 해결 의지를 갖게 되었다.	세계가 겪고 있는 문제를 알게 되었으나 우리가 해결할 수 있는 것은 많지 않다.	오늘날의 인류가 겪고 있는 문제 해결에 대한 관심이 부족했다.
산출물 제작	모둠원과 협력하여 산출물을 계획하고 완성하였다.	모둠원과 협력하여 산출물을 계획하였으나 완성도가 다소 미흡하다.	계획에서 완성까지 협력과 노력이 다소 부족하여 산출물을 완성하지 못했다.
경청과 평가	다른 팀의 작품 발표를 귀 기울여 듣고 장단점을 분석하였다.	다른 팀의 발표를 들었으나 특별한 점을 찾을 수 없었다.	다른 팀의 발표 내용에 귀 기울여 듣지 못했다.
새로운 아이디어	프로젝트 활동의 전과정에서 아이디어를 지속적으로 수정·보완하였다.	새로운 아이디어를 생성하기보다는 처음 계획에서 크게 벗어나지 않았다.	프로젝트 활동의 과정에서 특별한 아이디어를 생성할 수 없었다.
프로젝트 탐구를 통해 성장한 것			
우리팀 별점			
선생님 총평			

이 프로젝트에서 인상 깊었던 내용을 기록해봅시다.

날짜	프로젝트 주제		함께해주신 선생님께!
월 일	나를 응원하는 한마디!		인내, 집중, 배움 감사, 노력, 나눔

키워드 선택하기	☆ 이 프로젝트에서 가장 중요한 가치는?
새로운 경험으로 배우기	☆ 프로젝트를 통해 새로 알게 된 내용은?
내 삶과 통합하기	☆ 나의 삶에 도움이 될 만한 내용은?
다짐하기	☆ 앞으로의 생활에서 더 잘해보고 싶은 것은?
실천하기	☆ 꿈과 관련된 명언을 적어봅시다. •꿈을 불가능으로 만드는 한 가지가 있다. 실패에 대한 두려움. 　　　　　　　　　　　　　　　　　　　　　　　　　-코엘료 •꿈을 날짜와 함께 적으면 계획이 되고 그것을 실행에 옮기면 현실이 된다. 　　　　　　　　　　　　　　　　　　　　　　　　　-김수영 •당신이 할 수 있다고 생각하면 할 수 있고 할 수 없다고 생각하면 할 수 없다. 　　　　　　　　　　　　　　　　　　　　　　　　　-헨리 포드